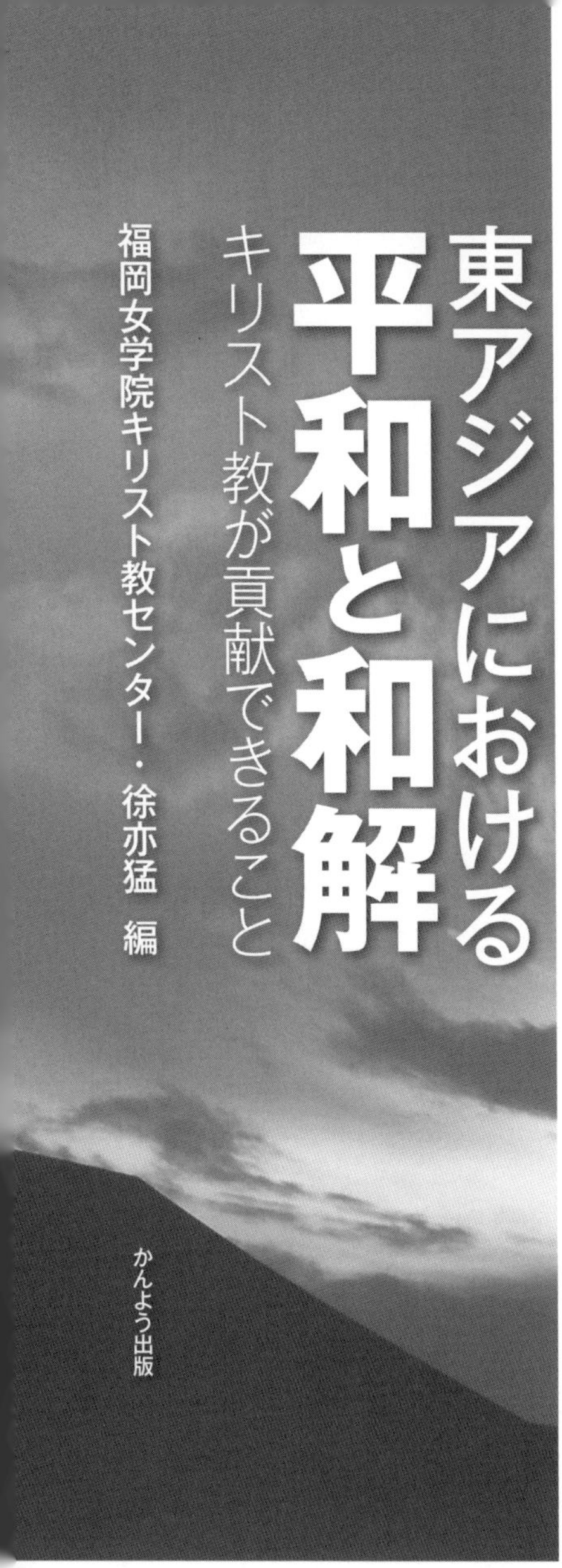

東アジアにおける平和と和解

キリスト教が貢献できること

福岡女学院キリスト教センター・徐亦猛　編

かんよう出版

はじめに

福岡女学院院長　寺園　喜基

国際シンポジウムが「東アジアにおける平和と和解のためのキリスト教の貢献」と題して二〇一八年一月二七日に福岡女学院において開催されました。

シンポジウムにこのテーマを掲げようと考えたときには、これほどまでにこのテーマが切実なものになるとは思ってもみませんでした。北朝鮮の金正恩委員長や米国のトランプ大統領の名前をもち出すまでもなく、まさに東アジア諸国は孤立主義的になっており、政治情勢は不安定です。大げさに言えば平和はまさしく風前のともし火のような状態になっています。

ところで、平和の問題は普通には国や民族という枠組みの中において問題にされることが多いように思います。しかしながら、これに対してキリスト教は世界宗教であり、キリスト教の求める平和は国や民族の枠を超えるものであり、国や民族を相対化する視点を持っております。この点で今回のシンポジウムは、わたしたちに新しい視野を開いてくれるのではないかと期待しています。

福岡女学院は一八八五年に創立され、今年で創立一三四年を迎えます。米国人の女性宣教師ギールが女性の新しい生き方を教育するために創立されました。「世界に輝く女性」から「世界を輝かせる女性」を育てたいというのがわたしたちの願いです。先の第二次世界大戦においては学徒動員やキリスト教学校ゆえの困難を味わいました。また空爆によって市内の中心部にあった校舎はほとんどが焼失されてしまい、現在のこの場所に移転しました。戦争がどんなに悪いものであるかをこの学校はよく知っています。それだけに平和の教育がどんなに大切かをも知っています。

このシンポジウムを通してキリスト教が東アジアにおける平和と和解にためにどのような貢献をしたか、またしなかったか、ということを振り返り見るとともに、今後の貢献を望み見ることが出来るなら、大変に喜ばしく幸せなことと思います。

目次

第一章　戦争責任告白とその周辺

金丸　裕一

一　はじめに

　戦時下における日本キリスト教主流派の動向が気になり、このところ数多くの史料を読んでいる。最初のうちは、神戸にゆかりが深い賀川豊彦の問題を中心に言説の展開を追い、いくつかの文章を公にした(1)。ある学会報告の際、他の教界指導者にも似た様な言動があるのだから、わたくしの評価は不当に厳しいとの意見を頂戴した。根強い賀川ファンの存在に驚ろかされたものの、だが確かに他の人々との比較においてのみ、彼の個性が剔出されることには相違ないため、この批判を受け入れて同時期の文献を相当数ひもといてみた(2)。

　例えば、組合派機関紙『基督教世界』や日本基督教会『福音新報』、聖公会『基督教週報』のほか、社会性を意識した信仰で名高き中島重による『社会的基督教』（一九三二～一九四二年）や、一般神学雑誌である『新興基督教』（一九三一～一九四二年）などに掲載された記事や論説を、手当たり次第に蒐集して、目を通した。これらを読んだ結果、昭和初期の「転向」や「国策迎合」として示されるような現象は、特定個人の特性というよりは、むしろ主流派全体が奏でるテクスチュアとして、近代日本キリスト教史の根底で響き続けていたのではないか、と考えるようになった。加えて、満洲事変前後からのキリスト教「受難」史といった枠組みについても、再考の必要性を痛感させられた。要するに、当初の見通しとはやや異なる歴史観を抱くに至ったのであるが、他者からの建設的批判には素直に耳を傾ける必要があると、体感させられた次第である。

戦後におけるキリスト教史研究の転換点は、やはり一九六〇年代に求められるべきであろう。詳細は、拙稿「『原生』とは誰なのか？——キリスト教界・治安維持法・一九二五年」（『キリスト教文化』通巻第一〇号、二〇一七年一二月）という論考で仮説的に示したが、かかる時代の潮流を象徴する出来事として、一九六七年復活節に公表された「第二次大戦下における日本基督教団の責任についての告白」（戦責告白）を挙げることができる。最近、「時の徴」同人編『日本基督教団戦争責任告白から五〇年——その神学的・教会的考察と資料』（新教出版社、二〇一七年）という、時宜に適った好著も刊行され、多くを思索する機会を得た。この場を借用して、一連の振り返りを通じて気付かされた事柄について、そのいくつかを簡単に紹介したいと思う。

二　「受難史」観という虚構

社会全体が戦争に向う激流に抗うことができず、元来は平和を愛する信仰を本質としたキリスト教は、精一杯のプロテストも虚しく時代に飲み込まれてしまったという「受難史」的な歴史観にとって、昭和初期「変調」説は実に好都合な装置である。すなわち、《外圧》によって本来のあるべき姿から逸脱したという物語を、ごく自然に説き聞かせるための論拠となるからだ。

だが数多くの史料を読み込むと、日本のキリスト者の多くは、これとは異なり明治期から国家と権力が大好きな、模範的優等生たらんとしていたのではないか、と感じざるを得ない。特に、わたくしの教会が所属する旧組合派の歴史をみると、海老名弾正や渡瀬常吉・牧野虎次、棄教後も教界と密接な関係性を保持し続けた名士・徳富蘇峰などによる「国権主義」的な言説が、既に一九世紀後半から頻出していた。例えば、帝国主義／軍事的な侵略行為には反対するが、日清戦争や日露戦争による日本のアジア進出と新領土獲得は「日本民族膨脹」の結果としてとらえるべきであり、それは旧約における「生よ増殖よ地に満よ」（創世記九―一）という教えに適したものだ、という時局解釈がその一例である。[3] あるいは一九世紀末年の義和団事変における日本軍北京出兵に対する「我国が此事件の為め、大に国威を輝かすに至り、同国問題の解釈に対して列強の間に重きを為すに至りたるは吾人が偏に賀せざるを得ざる所なり」（「第十九世紀の末年を送る」、『東京毎週新誌』第九〇五号、一九〇〇年一二月二八日）といった評価に、世界観の本質が凝集される。ごく稀に、柏木義圓のような反骨漢による節操を貫いた姿勢も見られるが、彼などはほんとうに珍しい「例外」なのであった。

更に、民衆レベルでの信仰を尊重したとされる諸会派やキリスト教社会運動団体においても、類似した傾向があるのではないかと感じた。具体的には、山室軍平の指導下にあった救世軍、また近代日本女性解放運動の先鋒を担った日本基督教婦人矯風会による言説が示す論理である。

周知の通り日本基督教婦人矯風会は、一八八六年以降の禁酒・純潔・婦人参政権・平和などの主題をかかげて展開した運動を基礎として成立した。女性権利の拡張、とくに一夫一婦制、蓄妾（二号さんを囲う事）習慣矯正を主唱して、性的純潔思想に支えられた公娼廃止運動の推進力となっている。一八九四年には婦人救済機関である慈愛館を開設するなど、社会実践においても特筆されるべき働きを引き受け続けてきた。

救世軍とは英国におけるメソジスト系譜に連なるグループであり、熱烈なる伝道で名高いが、一八九五年に日本へ伝来、貧困層や労働者に対する福音宣教を進めたと共に、禁酒運動や廃娼運動などの社会改良活動、また日本初の職業紹介機関の設置など、社会事業の模範的かつ実践的な開拓者としての役割を担った団体として、世間からも知られる通りである。

要するに両者とも、世人が避けるような無理難題に立ち向かってきた。そして二一世紀の現在においても未解決な諸々の課題の解決を率先して担った先駆的なクリスチャン組織であり、日本の社会福祉開拓という偉大なる貢献を果たした団体である。(4) その勇気には、ただ脱帽あるのみだ。

では、彼/彼女らの何処に問題があるというのか？　以下、単なる歴史学の問題としてだけではなく、現在のわたくしたちの信仰の在り方とも密接に関わると思うので、《内因》をめぐる幾つか史料を引用・紹介したい。

三　模範生的自己認識の行方

ここでは明治期の事例の中に、その原型を探ってみよう。

一九世紀後半の日清戦争に際して、矯風会は早くも「醜業婦」問題に危機感を示した。外務省清国通外交官でありバプテスト教会員だった天野恭太郎は、中国各地で目撃した日本人売春婦について「若し何か日本の人で、共に謀る人でもあるならば、出来るだけの力を尽して、何卒国辱を、海外に流すを差止める」べきだとする矯風会の呼び掛けに応じて、香港を中心とした「在外日本下等人」の実態について、詳細な報告を行う（天野恭太郎「海外に於ける我が国の婦人の状態」、『婦人矯風雑誌』第一〇号、一八九四年八月）。尊厳の保持や窮状からの救出が主眼であるのか、あるいは「国恥」的存在の流出防止が本質的目的であるのか、なかなか読み取ることが難しい史料である。[5]この問題について矯風会は、日露戦争時には次のように主張する。

（明治）廿七八年の日清戦役に際し大本営を広島に移されたる結果は同地に無慮四千人の

私生児を出したりと云ふ、此一事を以てしても当時の風俗の如何を察するに余りあり。而して此不躰裁は此度も亦演ぜられざるを保証し難し、而已ならず山村僻邑に至るまで勝利の戦報至る毎に祝杯と称しては鯨飲し、鯨飲しては風俗を紊るは今よりして予想するに難からず、之を防ぎ社会の風紀を維持するは豈我等の使命にあらずや。(「戦争と矯風会」、『婦人新報』第八二号、一九〇四年二月)。

故にこれより、「吾が日本国民が今日最も勤むべき所の急務は、出征の後援にして、即ち軍資の調達にありとは、三尺の童子も皆善く知る所」であるのだから、「挙国一致して飲酒を禁ずる」べきだとの主張が生み出される(「征露後援としての禁酒」、『婦人新報』第八三号、一九〇四年三月)。

救世軍の場合も、たいへん良く似ている。日露戦争時の状況に対して、「或人は満洲に於ける日本人の有様を見て、『戦争に強いことと、又放蕩不品行なることとは、日本人民の二特色である』といひ。又或人は『日本を世界の公園といふは誤つて居る、日本は公園ではなくて世界の妓楼国である』と言たさうである」と、大いに嘆いた(「満洲に於ける日本婦人問題」上、『ときのこゑ』一九〇五年九月一日)。また、同地における救霊運動に際しても、先ず解決すべきは「毎週二回大阪商船会社の汽船が必ず毎船一千樽以上の酒をつんで行く」ような現状、あるいは「徴兵検査の時適齢者の中七分がたは花柳病の患者であつたといふ様な事実」だと、それらの克服に自らがなすべき課題を発見した（「満洲の救世軍」、『ときのこゑ』一九〇九年三月一五日）。
紙幅の都合もあり史料の紹介は避けるが、信仰によって支えられる類似した呼び掛けは、大正期の「国際化」や昭和前期の対外侵略過程に際して、何度も繰り返して声明される。

これら禁酒・廃娼・純潔など、平時においては意味ある倫理に拘った結果、皮肉にも時代がそれらを要求するような段階、つまり戦時下の「余裕」なき時代へと突入した時、彼／彼女らの純粋なる原理原則は、国策と見事に調和してしまった。例えば、不健康なる売春婦でなく健全かつ健康な日本人男女を満洲開拓のために用いるという理念の下で信仰的に正当化された満洲日本人基督教移民、あるいは「禁酒報国」や「純潔報国」こそアジア進出のための鍵となるという思想——これは裏返せば、矯風会や救世軍によるピュアな日本人キリスト者こそ国策を担い得るという自負——を生み出し、二つの組織もまた積極的に戦争遂行に対して側面支援して行ったのであった(6)。

救世軍の吉原遊廓「野戦」などに際するヤクザとの直接衝突や、矯風会による政財界著名人の蓄妾に対する激しい名指し批判など、世間的には「無茶」とも思われる行動の正当性を社会に向ってアピールするとき、助成金や恩賜金を媒介とした公権力との親和性も、非常に現実的かつ魅力的な回路だったといえないか(7)。戦時期においては、権力との良好な関係性が再三再四強調され、資金的にも多くの後援を受け容れた事実は、更に直視されねばならない。

個々のキリスト者は、少数者として近代日本という「時」と「場」を与えられて生活し、その中で「地の塩」や「世の光」として生き抜くことに、自らの召命を見出していたことであろう。この働きをなすためには、世間から隔絶したり、あるいは世間から嫌われてしまえば、取り返しのつかない致命傷となる。したがって、世俗の論理や風潮とも一定程度の協調性を維持しながら行動することは、必須の条件だったと考える。

例えば、大阪泉南・岸和田において女性運動に献身した山岡春（一八六六〜一九六四年）は、地域における社会的弱者への関心喚起、一夫一婦制や廃娼、女性の教育や育児・物価・就労といった問題、やがて婦人参政権運動などでも大活躍した「地の塩」的な人物である。組織との関わりについて見れば、愛国婦人会・日本基督教婦人矯風会・関西婦人聯合会、そして地元に根差した岸和田婦人会など多岐に及ぶが、「運動」を通じた女性地位向上を目指したのであるから、これは至極当然のことであろう。山岡春は日中戦争が泥沼化した一九三九年一月に、北京において現地人の教育や救済活動に精励した清水安三らの崇貞学園、あるいは隣接した救貧施設であった天橋愛隣園への支援を呼びかけた。その依頼書には、敬虔な信仰と世間への配慮という輻輳した構図が見事に描き込まれている。

この史料は「受くるよりも与ふるは幸ひなり／なさけは人の為ならず／支那の同胞と握手しませふ」といった文言で始まっているが、以下にその内容を紹介したい。

我皇軍の多くの忠勇なる将兵の流されし血は、東洋否世界平和を永遠に築かん為なれば、此尊き血を空しくせざらんが為、一日も早く隣邦支那と握手せん為のよすがにもと、戦禍によりて塗炭の苦しみにある学資の絶えたる姑娘の勉学の便がにもと、同志の婦人節約して、毎月五十銭づゝ集め、北京の聖者清水安三氏御夫妻の経営せらるゝ崇貞学園に送る、一人の娘の学資を送る事は大海の一滴にも及ばざる些細な事なれども、支那の同胞を愛するてふ誠意は数十年数百年後に顕はると思ふなり、人知らすとも神知り給ふ。

右学資、或は同しく北京貧民窟天橋に林歌子老女史の創意により設けられたる支那貧民の為の施療病院、即ちセツルメントに日々数百の患者来り、病ひを癒されん事を乞ふといふ、是に寄附（毎月五十銭づつ或は以上にても）せらるゝも神の嘉しみ給ふ事ならん(8)

ここでの呼びかけは別段派手ではなく、要するに日々の倹約によって取り分けた五〇銭ばかりの浄財を、隣国で苦しむ学生や弱者のために献げましょうという、隣人愛に立脚した穏当な内容である。まさに「世の光」としての小さな働きを、自らに課していたのであろう。だが同時に、地域に根差した活動に従事している限り、地元においても出現しつつあった戦死者・戦傷者などについて、決して「侵略戦争」に伴う犠牲であった、などとは云えなかった筈だ。遺された家族に対して、その死の「大義名分」を物語ることも、癒しや慰めには欠かせない。かかる善意や配慮の積み重ねと時局の混迷とが相俟って、山岡春は敗戦前夜には国策団体である大日本婦人会岸和田支部長として、戦時体制を草の根から支える役割を担わざるを得なかった(9)。

大濱徹也はかつて、士族出身者を主軸とした明治期日本プロテスタント指導者層のエートスについて、国家改造は人心改造によってのみ達成され、人心改造はキリスト教に基づくより術がないといった認識、別言すれば自己の社会的存在意義に対する強烈な気負いが見られた、と指摘している。[10] 模範的優等生たるべきだという規範意識、更には傷ついた隣人に寄り添うといった使命感は、昭和戦時期における可視化された「苦難の現場」の際限なき拡大によって、一層増幅されたのである。

四　戦争責任告白をめぐって

戦争責任告白は、こうした自覚された／されなかった負の歴史を直視した結果、敗戦から四半世紀以上を経て漸く誕生した。歴史神学分野においても、この振り返りと軌を同じくしながら、「受難者」としてではなくて「加害者」として自画像を直視せんとする成果が、陸続と誕生したのであった。個別作品の評価について、ここで総括する余裕はない。しかしながら、先にみた矯風会のあゆみに対する真摯な自己批判（「第六章　十五年戦争」、『日本キリスト教婦人矯風会百年史』ドメス出版、一九八六年）や、同志社大学を一つの発信地として誕生した数多くの実証研究は、明らかに同質の歴史観に立脚して進められている。

とはいえ、現在の我々が持つイメージから、歴史に接近する事は、本当に危険だ。正直、戦争責任告白への反対者がかなり多かった事実に、先ずは驚ろかされる。そして、保守的な教会がその中心であり、端的にいえば東京神学大系統の牧師たちが納得しなかったのだろうといった邪推的予測も、見事に外れた。いや寧ろ、旧組合教会に連なる牧師たちが、率先して異論反論を唱えていたようにも読み取られるのだ。反対者の論理として、例えば次のような内容が指摘できる。

第一は、歴史からの批判。一九六〇年代後半的課題であった韓国や台湾、フィリッピンなどの教会と教団との関係を修復するためには、過去の歴史に対する批判的総括が必要ではあるが、戦責告白は何故に最大の被害者である中国に対して開かれていないのか。あるいは、中国の教会と積極的に交流すべきである、といった主張である。[11]

第二は、現状に対する批判。教団執行部は、現に沖縄や日本国内の基地を拠点としてベトナムで侵略戦争を推進する米国に対して、甘過ぎるのではないか。こうした現場への配慮が優先されるべきであり、異議申し立ての順番が異なるのではないかと、鋭い問題が提起されている。[12]

第三は、戦争責任告白の提唱者たる議長への批判。前年の教団議長選挙が、第一回目と第二回目の投票ともに、首位で選出された牧師が辞退するといった混乱も影響してか、「告白」する主体の正統性についての問い、あるいは鈴木正久議長自身も戦時中は『日本メソヂスト時報』編集長として時局と密接に関わっていたのだから、果して「批判」する資格は有るのか否かといった、辛辣な意見からなる。[13]戦時中、自身は神に対して不忠実であり「深刻な過ちをおかした」のであるから、「罪なき方々は思いきってこれを批判すればよい。ただ、先人の罪を告白するなど気味の悪いことはやめてほしい」といった、世代間の体験差に基づく嫌悪も、存在していたのだろう。

ただし注目すべきは、批判する側にあっても、決して過去における自らの歩みを肯定していたのではないという事実である。旧組合教会系の機関紙である『基督教世界』第三二〇五号（一九六七年六月一〇日）は、戦責告白からまもなく棟方文雄・田中伊佐久・榎本保郎・向井芳男による署名記事、無署名時論や「主張」などを一気に掲載して、これを強く批判した。管見の限り、日本基督教団内部における最初の本格的な異議申し立てであり、その筆頭を飾った論説が、棟方文雄「私は招待を断る」であった[14]。ここで棟方は、三つの角度から戦責告白を厳しく詰問している[15]。

先ず、戦時下の「実情」評価に対する疑問。「一片の令状で会員も牧師も戦場にかり出されていったとき、教団は徴兵を拒否して逃亡せよなどと指令を発し得たであろうか」という、実体験が語られる。「むしろその苦しみの中にあって、当時の人々と『共にあった』」という、自負も述べられる。ここで、個人としてではなく、「あの憲法下で許されて成立していた教団」、表現をかえるならば宗教団体法によって合法化されていた教団が、組織として抵抗することは不可能であったという認識が、主張の根底に確認される。そして、敗戦・新憲法によって「自分自身は完全な安全圏にあって、当時の『罪を告白する』などという心情に到底ついて行くことはできない」と述べる。教会員に対してはよりはっきりと、「戦時中の教会の体質が間違っていたといっても、そうしたことを言える体質となったのは敗戦の賜物なのである」と語り、「他を批判して自らを高しとして勇気を出したような気になっているのは下司の根性」であるとまで、酷評した。

次に、戦時下の教会が「社会科学的知識」を欠いていたという事実に対する問題。棟方は、これに対する歴史的批判については、是認する。但し、「科学的研究による信念がそのまま信仰になるものであろうか」と述べ、「告白の根底に科学的知識がある」とするならば、「科学と信仰の一致について主張者にはそれが二重底のあげ底のものではない点を神学的に説明してもらいたい」と迫った。六〇年代の時代背景を考えると、ここで用いられた「科学」という概念には、科学的弁証法と史的唯物論によって導出された歴史発展の「必然性」や「法則性」――すなわちマルクス・レーニン主義的歴史／世界観――が強く意識されており、要するに棟方は、こうした教会外部の論理を無批判的に信仰の場で援用せんとする風潮に、否を唱えたのであった。

最後に、棟方個人による組織や個人に対する見方、あるいは経験に立脚した思いが語られる。信仰告白が多数決で採択された事に対する嫌悪感や違和感の「最大の理由」として、次のように説明された。「いわゆる革新的な人や、その表明にはこりているのである。そうした指導者がいよいよ身の危険を感じたとき、どのように巧みに素朴な人々をおきざりにして逃亡するかあまりにも見てきた」。従って「危機だと口でいう時ではなく、実際にその身をもってそれを逃げずに受けとめた時、彼らが信用できる時、その発言が本物だと分かる時だと思っている。そうした危機のただ中においての告白なら、及ばずながら神の助けをかりて招待に応じたいと思い、託された教会も又そのように導きたいと願っている」が、「今は信仰による身の危機などはないのである」、と。

時代の雰囲気を想起すれば、恐らくは「右翼」や「反動」、あるいは「ナンセンス」な頑迷牧師などと、傍から呼ばれていたのではなかろうか。「状況の神学」や「現場の神学」、あるいは「解放の神学」といった、変革の中に神の意志を見出すような「流行」とも、明らかに一線を画した見解である。しかし、棟方はじめ反対論者の名誉、及びそれらに接する私たちのために最低限の補足をするならば、次の事実を看過してはならない。

まず、「反対論」は決して戦時中の教団を擁護していない。いやむしろ、厳しい評価を下す。教会合同と部制解消の結果、「教団において、こういう有力な諸派がずいぶん肝腎なものを失っていった」経過こそが、合同に示された「摂理」だという、極めて逆説的なる歴史評価である。また、時代の変革を希求する個人の働きについても、闇雲に批判していない。いや、正当なる評価を与えていた。しかしながら、教会という共同体が組織として一九六〇年代的な時流に乗ることに対して、猛烈に反対したのであった。

詳細な検証は別稿に譲るが、主として一九七〇年代に教会を巻き込んで展開した一連の社会的混乱に際する動揺は、本来ならば並立し得る信仰的な課題を――「福音」か「社会」かの二者択一を強迫するが如き勢いで――政治神学的な信条「のようなもの」として構造／固定化してしまった。皮肉ではあるが、これがコトバの力である。戦責告白それ自体に、不一致や対立の原因を求めてはならない[16]。

五　むすびにかえて

かかるあゆみを一瞥した現在、信仰共同体たる教会は、政府や地方自治体などの「権力」側と常に距離を置くべきだ、とわたくしは決して主張しない。いかなる時にも信仰に根付いた警戒を怠ってはならず、闘争すら辞さぬ覚悟で生きるべきだ、とも思わない。平々凡々と穏健かつ保守的に暮らし、主日ごとに礼拝に招かれる生活を、最も好んでいる。しかし、そうであるならば尚更、我らが信仰の中にある「正義」や「倫理」という存在への固執が、時として社会の暴走に無意識ながらも手を貸す危険性があるという原事実に対して、しっかりと向き合う必要がある、と考えるに到った。「弱さ」の自覚とおのれ自身に対する疑いこそが鍵となる、とまでは言い切れないかも知れないが。しかしながらこれこそが、多くの信仰の先達たちが苦難の歴史を通じ、身を挺して後進世代へと語りかけてくれる、貴重な証詞だといえるのではないか。

更に、教会という「信仰の場」に依拠して歴史を語る場合であっても、語り手とて超越的な視座に立ち得る存在ではない。故に、事実関係には謙虚に服従したい。恐らくは見極めることすら覚束ないであろうが、だがそれだけが真実に接近するために備えられた道であると確信しつつ、教会外で産み出される成果の前にも膝折れて謙虚になる姿勢が求められるだろう。けれども個々人、家族、国家を含む組織、民族などに与えられるカイロスの時は、それぞれ異なっている場合が多い。理性を拠り所に進める歴史研究において、同質の素材を用いて議論したとしても、その

「解釈」にはしばしば激しい相違が発生する所以でもある。[17] 従って、歴史認識の齟齬といった難題が、知性の為す努力のみで解決できるといった発想は、余りに傲慢だ。

激しく揺れ動き、すべての事象が不確かに感じられる現在にあって、主による豊かな知恵と分別、そして一致とがわれらに与えられるよう、皆で祈りを合わせてゆきたい。

参考文献（注記した文献以外）

土肥昭夫（一九八〇）『日本プロテスタント・キリスト教史』新教出版社。

棟方文雄（一九八八）『真実の教会を求めて』日本基督教団西宮教会。

渡辺信夫（二〇一一）『戦争で死ぬための日々と、平和のために生きる日々』いのちのことば社。

松谷好明（二〇一八）『キリスト者への問い』一麦出版社。

注

（1）拙稿「賀川豊彦の中国」（『キリスト教文化』通巻第七号、二〇一六年）、拙稿「中国における賀川豊彦評価をめぐって」（『立命館経済学』第六五巻第六号、二〇一七年）など。
（2）　拙稿「賀川豊彦による『中国』言説の一考察――日本プロテスタント史に定位する試み」（『賀川豊彦学会論叢』第二六号、二〇一八年）を、併せて参照されたい。
（3）　徳富蘇峰『大日本膨脹論』（民友社、一八九四年）で説かれる「収縮的日本」から「膨脹的日本」への転換奨励などにみられる。
（4）　これは、二つの組織に限らず日本キリスト教史における素晴らしい個性である。但し、細井勇「日露戦後の感化救済事業とキリスト教」、杉山博昭「世界恐慌期のキリスト教会とキリスト教社会事業」、永岡正己「日中戦争・太平洋戦争期のキリスト教社会事業」（何れも、日本キリスト教社会福祉学会編『日本キリスト教社会福祉の歴史』ミネルヴァ書房、二〇一四年）には、その純粋な理念や行動の背後にあった、①国家による政治利用対象としての動向、②時代の制約を原因とした抑圧的作用、③弾圧と戦時国家体制への協力といった、微妙な問題が端的に指摘されている。
（5）　奥田暁子「自由民権運動にかかわった女たちの国家観」（井桁碧編『「日本」国家と女』青弓社、二〇〇〇年）は、娼婦とは本質的に国家の体面を汚す存在であり、その存在によって女性全体までもが類似した評価を受ける恐れがあるから厳しく取り締まるべきだという「国辱意識」が、矯風会の基本的思想であったと指摘する（四二～四五頁）。また、林葉子「女たち／男たちの廃娼運動」（大阪大学文学研究科二〇〇八年度博士論文）第三章は、「慰問」事業を経由した軍隊との接近について分析した研究である。
（6）　ここで想起した事例とは、例えば戦時期における日本プロテスタント諸教派による慰問をめぐる数々の働きである。救世軍の場合、日中戦争勃発直後に応召軍人家族慰問、更に北支慰問使の派遣といった対応を実施、一九三七年一一月には中国・河北省石家荘に「救世軍報国茶屋」を設置した。此処では国内から寄贈された茶菓や新聞などを兵士に提供、徳州を経て済南に移転した後、徐州にも出張所を開設して、歯科治療・診療所・日本語講習所など現地人をも対象とした奉仕活動を行った、という（秋元巳太郎著・杉本英子増補編『神の国をめざして——日本救世軍の歴史②』（救世軍出版供給部、一九九二年）。この働き自体には、軍事的侵略的な主観的意図はないだろう。だが、非常時における国内の禁酒（節約）気運などとも相俟って、自身の信仰的信念を社会化する好機が「事変」によって到来したという認識が、これら行動の根底に存在していたのではなかろうか。

なお、指導者・山室軍平の信仰と政治思想を「ローマ信徒への手紙」第一三章解釈を手掛かりとして本格的に考察した労作、本田逸夫「山室軍平の『権威』観」（『政治研究』第六四号、二〇一七年三月）、及び本田逸夫「明治末年以降のローマ書一三章論」（『九州地区国立大学教育系・文系研究論文集』第五巻第一号、二〇一七年九月）がある。

（7）　国家側による社会福祉に対する「慈恵」については、遠藤興一『天皇制慈恵主義の成立』（学文社、二〇一〇年）における議論を参照。

（8）　「北京崇貞女学校寄付依頼」昭和一四年一月（山岡家文書刊行・保存会、岸和田市史編さん委員会編『岸和田婦人運動と山岡春』岸和田市、一九八八年）九七頁。

（9）　この問題は、社会的弱者の「解放」を目指した運動に通底しているような気もする。例えばキリスト教との関わりも深い婦人運動の場合、鈴木裕子『フェミニズムと戦争』（マルジュ社、一九八六年）、進藤久美子『ジェンダーで読む日本政治』（有斐閣、二〇〇四年）、同『市川房枝と「大東亜戦争」』（法政大学出版局、二〇一四年）等は、近代日本における「少数派」による社会変革の実相を解明しており、キリスト教史研究に裨益する所も大きい。『日本ＹＷＣＡ一〇〇年史』（日本キリスト教女子青年会、二〇〇五年）の「第三章　組織の確立（一九二五～一九三六）」、「第四章　侵略戦争と植民地主義の下で（一九三七～一九四一）」、「第五章　日米開戦以後（一九四二～一九四五）」等とトレースさせて読み進めるべきだろう。また、胡澎著・莊厳訳『戦時体制下日本の女性団体』（こぶし書房、二〇一八年）は、理念的には「連帯」すべきだった相手側から見た辛辣な歴史評価である。

（10）大濱徹也「社会事業と宗教」（『岩波講座　日本通史』第一七巻、岩波書店、一九九四年）を参照。

（11）「八月一五日」（『教団新報』一九六五年八月二一日）、「韓国に悔い改めのしるしを」（『キリスト新聞』一九六七年二月二一日）、「教団とその周辺の動き」（『教団新報』一九六七年一一月四日）など。

（12）鈴木正久「平和と教団」（『教団新報』一九六六年八月二〇日）、「世界宣教と沖縄教団に対する責任」（『教団新報』一九六五年六月一九日）、「米大使より教団議長への返信」（『教団新報』一九六六年一二月一七日）、「ベトナム問題とキリスト者」（『教団新報』一九六七年五月六日）など。

（13）「議長に鈴木正久氏当選／やり直し議長選」（『キリスト新聞』一九六六年一一月一九日）、出射義夫「鈴木正久氏に問う」（『キリスト新聞』一九六七年四月一日）、「議長書函を批判」、及び福島勲「戦争責任の告白を疑う」（『キリスト新聞』一九六七年四月二九日）など。

（14）棟方文雄（一九一一～一九八八）は、青森県生れ。メソジスト系教会で育ち、青山学院師範部を経て同志社大学神学部卒。組合派京城教会伝道師・合同後の日本基督教団武庫教会・西宮教会牧師として伝道するとともに、聖和短期大学・同志社大学の教授を兼務。

（15）日本基督教団出版局編『教団を語る』（日本基督教団出版局、一九七一年）に収録された発題や座談、また棟方文雄「一致のために――組合教会の精神に学ぶ」（『福音と世界』第二三巻第一一号、一九七八年）、更に『ユーラクロン』（日本基督教団西宮教会発行）各号に棟方の戦責告白批判の理由が見て取られる。また彼の戦時中の言説を初歩的に分析した習作として、拙稿「棟方文雄『聖戦と教会』の歴史的背景」（『ユーラクロン』第二三八号、二〇一六年一二月）、及び拙稿「抵抗と信仰と――戦時下の棟方文雄に見える良心」（『ユーラクロン』第二三九号、二〇一七年九月）がある。

（16）川口葉子「日本基督教団の戦前・戦後史：教団合同・戦争責任・万博問題を中心に」（大阪大学文学研究科二〇一六年度博士論文）など、学術的手続きの下に進められた成果の公刊を期待したい。

（17）戦責告白に対する侵略された側からの前向きな評価に接するたび、このテクストはアカデミックな歴史研究の成果としてよりは、やはり主の前においてわれらが悔やみ打ち砕かれ、和解の執り成しを希う信仰告白として受けとめるべきだ、と感じる。徐正敏「日韓キリスト教関係史における戦争責任告白の意義」（『福音と世界』第七二巻第三号、二〇一八年三月）は、戦責告白〈後〉の日本基督教団による実践的な進路変更と連帯志向に核心的意味を見出し、満場一致ではなく「反対と葛藤、深い苦悩と決断」を通して「築かれた歴史により真実が現われる」と評価するが、けだし至言であろう。

第二章　震旦学院から復旦公学へ
——清朝末期の外国語教育と民族主義(1)——

李天綱

序

馬相伯《バショウハク》（Ma Xiang Bo）はその晩年、王瑞霖《オウズイリン》（高語罕《コウゴカン》）に対して自身の生涯を回想して語った『一日一談』を著した。一九三五年一〇月三〇日、三一日、一一月一日の記述の中で、彼は「蔡孑民《サイケツミン》（蔡元培《サイゲンパイ》の字名）氏と二十四人の学生のラテン語学習について」、「震旦（学院）から復旦（公学）へ」、「震旦（学院）と復旦（公学）の種々のことについて」を主題として、これら二つの大学の設立過程について連続して語っている。震旦学院（一九〇三年）から復旦公学（一九〇五年）へという変遷の時期は、近代的大学の創立、また新旧教育の転換点として鍵となる時期である。これらに関する資料は散逸しており、馬相伯が主導して制定した『震旦学院章程』（一九〇三年）と『復旦公学章程』（一九〇五年）以外に、これら二大学のカリキュラムをめぐる詳細な問題点を明らかにできる体系的資料は見つかっていない。そこで、やむを得ないが、これら二つの章程を手掛かりとしつつ、一九〇三年から一九〇五年の間に出された新聞や雑誌の報道、またこの時期の同一の出来事に関する日記や回想録を用い、震旦学院と復旦公学の草創期のカリキュラムをめぐる問題、特にラテン語、英語、フランス語教育がもたらした様々な論争を理解し、震旦公学と復旦大学がその開学初期に直面した重大な難題を考察することができるだろう。

清朝末期、上記の新式学校はみな、「中西（中国と西洋）」と掲げながらも、実際には「西学」の重要性を強調していた。外国語は「西学」の主要な道具として重視され、一八六二年、清朝政府は外国語教育と翻訳・通訳ができる人材育成を目的とした京師同文館を北京に、また広方言館を上海と広州に設立した。奕訢《エキキン》たちの構想に基づき、同文館は「外国語学院」としてフランス語館と英語館を設け、また康熙帝の時代にあったロシア語館を復活させた。一八七一年、プロシア戦争でドイツが勝利すると、ゲルマン勢力が東洋にも進出するようになり、同文館は「プロシア語館」（プロシア語とは即ちドイツ語）を設けた。「甲午戦争（日清戦争）」以後には日本が台頭してきたため、一八九七年、同文館には「東文館」（日本語館）が増設された。このように、京師同文館には全部で五つの外国語学科が設けられるようになった。一八六六年に天文学や算学などの「理系」専門科が設けられる前に、京師同文館は外国語の文系の学校として設立されたのだった。当初、清王朝が教えようとした「西学」とは、実際のところは外国語であり、朝廷に仕える「通事」「舌人」（共に通訳者の意味）を育成する学問だった。

外国語を学ぶか否かということには、民族本位の立場をどのように考えるかという問題が伴う。またどの外国語を学ぶのかということには、中国人が誰を師とするのかという問題が表面化し、さらにはいかにそれを用いるのかという実際的な姿勢も議論に値する問題となる。周予同《シュウヨドウ》（一八九八～一九八一、中国古典史の専門家）は「最初に日本を模倣し、次いでドイツを模倣し、次いでアメリカを模倣し、次いでフランスを模倣し、次いでロシアを模倣する。これらは皆、何と薄っぺらで表面的なことか[2]」と述べている。近代の大学制度設計の過程において、日本語、ドイツ語、英語、フランス語、ロシア語を第一外国語とすることが試みられた。清王朝が「広方言」と位置づけた言語の中で、英語とフランス語が最重要であったことは疑いようがない。甲午戦争で敗れて以降、イギリスとフランスを真似ることから、日本に学ぶことへと転換され、日本語とドイツ語が流行したのは不思議なことではない。しかしながら、震旦学院から復旦公学が設立される数年間の時期、ラテン語が維新人士たちが最も推奨した外国語であったというのは非常に独特かつ意外であり、分析に値する現象である。

震旦学院と復旦公学のラテン語教育は最終的には不成功に終わったが、しかしそこには重要な意義がある。民間の書院、学堂、学院、公学において外国語を教えるに際して、ラテン語やギリシア語といった古典言語までをも含んでいたというのは、特別な学術的意義を持っている。このことは、アヘン戦争以後に流行した「広方言」が、中国社会において貿易や外交の領域から思想や学術の領域にまで広がり、上海の民間社会においては外来文化と積極的に交わる「新文化」が他に先駆けて出現していたのであり、通常説明されるような声高な保守的・排外的な民族主義ばかりだったわけでは決してなかったことを表している。では、震旦学院と復旦公学におけるラテン語と英語・フランス語はどのような関係だったのだろうか。この言語の位置関係がどのようにして「震旦学院から復旦公学へ」という変遷の鍵となったのだろうか。さらに広げて考えるならば、清朝末期の外国語教育は、どのような文化的・民族的理解を反映していたのだろうか。また外国語に対する姿勢の中に、民族主義は含まれていたのだろうか。これらの問いが本稿の関心である。

一　震旦学院：ラテン語と英語、いずれを重視するか

震旦学院の創設には、遠因と近因の二つの要因がある。遠因は、一八九〇年に清王朝が康有為《コウユウイ》と梁啓超《リョウケイチョウ》の建議を受け入れて馬相伯を招き、上海に「訳学館」を設立する準備をさせたことにある。近因は、一九〇三年に馬相伯が蔡元培の招きに応じて、南洋公学の「二十四名のラテン語学習の学生たち」と退学生の一部のために徐家匯に翻訳学校を設立したことにある。創設の要因と当時の学術界の気運からいうならば、震旦学院も復旦公学も共に民族主義的な機構ではなかった。同年に創設された京師訳学館（一九〇三年）と同様に、震旦学院の初心は、西洋言語を教え、

西学の翻訳に従事し、その上で文系と理系の基礎的知識を兼ね備えた総合的な学校であることだった。

中国語の教材や中国語訳の〔西洋〕古典・研究書が不足していた状況にあって、外国語教育はすべての「西学」の始まり、また基礎だった。このような状況は、京師同文館（一八六二年）が京師大学堂（一八九八年）に至るまでの過程においても同様だった。〔京師同文館と〕震旦学院との違いは、後者のほうが学術的翻訳をより重視し、上海に設立され、民間から始まった点である。震旦学院は「訳学館」や「訳社」の特質を備えており、それは馬相伯と梁啓超たちが「戊戌の政変」の時期に検討していた「Akademie」であり、一般的ではない大学だった。ラテン語教育が重視された理由はここにある。馬相伯は、「ラテン語によってヨーロッパ、アジア、アフリカの三文明は形作られ、それぞれの祖国の光栄となった。〔中国の〕三億五千万人の同胞たちが、千里を遠しとせず、時間を言い訳とせず、共に協力し合い、ラテン語を借用して西洋の学術の源流と交わるならば、誰がキケロに及ばぬ者などであろうか」と構想していたのだった(3)。

震旦学院が「西洋」の学問を切り開く務めを担うということは、その章程の中にも明示されている。現在までに発見されている三部の『震旦学院章程』は馬相伯とその助手たちによって制定されたものである(4)。

震旦学院の初期の宗旨は、まずヨーロッパ言語を教授し、次に西洋古典を翻訳し、その後に西洋の文系・理系の精髄を学ぶことだった。『震旦学院章程』には「本院は学問を広め、翻訳者を育成することを宗旨とする」と記されており、二年間の学業においては、「初年はラテン語を学び、次年はいずれかの外国語を任意で学び、以てラテン語と任意のいずれかの国の種々の文学書を翻訳できるようになることを目標とする」と規定されていた。当時の「西学」の読み物や教材は、上海と南方の書店や学校において売れ行きがよく、南陽公学、愛国学社、震旦学院の教師・学生たちは学びつつ外国語の翻訳をし、翻訳料を学費に充てる者たちもいた。〔学院章程には〕「学院で学び卒業した後、本院が設けている翻訳機関において翻訳者として二年働き、原稿料の半分を得る権利を有する」ことができると規定されていた。震旦学院が翻訳者育成を基本方針とし、ラテン語とギリシア語を「主要科目」と位置づけ、西洋哲学・文学・科学・芸術などの課程は「副科目」としていたのは、この理由による。

章程の第一条では「本院では先ずラテン語を履修し、能力的に可能な者はギリシア語も履修することができる」とされていた。馬相伯が、一九世紀ヨーロッパの日常生活では既に死せる言語となっていたラテン語を必修科目としたのは、通常とは異なることだった。修道士や神父を育成する課程も兼ね備えている徐家匯中学のような学校を除いては、教会資本の一般の学校（聖約翰書院〔St.John's College〕や麦倫学院〔Medhurst College〕など）や中国資本と外国資本の合弁学校（中西書院や格致書院など）、地方の官立学校（龍門書院や南洋公学など）は皆、英語教育を主要科目としており、ラテン語を主要科目とすることはなかった。その理由は恐らく、「西学」の翻訳の位置づけの違いにあったと思われる。開学後の震旦学院の教育は、確かに本来の章程に基づいて行われ、「本院は先に英語・フランス語を履修し、能力的に可能な者はドイツ語・イタリア語を履修することができる」としていた。ラテン語とギリシア語といった「古典言語」を前に置いて学術的看板とし、英語やフランス語といった「現代言語」を後ろに置いて実践的応用とした。

震旦学院が徐家匯の旧天文台校舎で開学した際、外国語教育は午前と午後に分かれており、古典言語と現代言語とが並列されていた。古典言語はラテン語のみであり、この時点ではギリシア語はまだ開講されていなかった。現代言語は英語、フランス語のみであり、ドイツ語とイタリア語はまだ開講されていなかった。温州の平陽出身の劉紹寛《リュウショウカン》（一八六七～一九四二）は一九〇三年九月に震旦学院に入学し、馬相伯のもとで学んだ。彼が日記に記している当時の状況によれば、震旦学院で教えられているのは全て「西学」だった。外国語の課程においては、英語の比重が大きく、ラテン語と同等の位置にあったという。「（九月）一九日、学院に入学。二一日、授業でラテン語を学び、続けて英語を項渭臣《コウイシン》先生より学ぶ」、「（一〇月）五日……、午前一〇時、徐先生よりラテン語の授業を受ける。……夜、項渭臣先生より英語文法を学ぶ」、「（一〇月）六日、午前一〇時、ラテン語の授業を受ける。……午後三時、英語の授業を受ける」、「（一〇月）七日、午前、ラテン語を学ぶ。午後、数学を学ぶ。夜、英語を学ぶ」[5]。

震旦学院の英語教師には項渭臣（別名：項驤《コウジョウ》、一八七九～一九四四、浙江瑞安出身）、ラテン語教師には馬相伯自身の他に、徐という苗字の神父がいた。また、数学を教えていた「駱先生」

という、恐らく徐家匯の外国人神父と思われる教師がいた。劉紹寛はラテン語と英語の授業についてしか記録しておらず、フランス語の授業に関する記述はない。恐らく、震旦学院の開学当初はフランス語課程を開講する準備が未だ整っていなかったのだろう。或いは学生たちのフランス語に対する情熱があまり高くなかったのかもしれない。ここに既に、その二年後に震旦学院において英語・フランス語論争による分裂が起こる伏線があったといえよう。

注目すべきは、震旦学院の「〔西洋〕古典言語」教育の初心が困難に直面していたという点である。震旦学院の学生たちの平均年齢は比較的高く、その多くは科挙学校から転身し、既に四書を学んだ学生たちや「秀才」となっていた挙人たちが数多くいた。一般の英語教育を既に採用していたキリスト教学校でさえ〔西洋古典言語教育を〕思うようにはできておらず、授業では中国語だけが用いられ、またラテン語が「死せる言語（Linguae Mortuae）」であることが強調されたのと同時に、「活ける言語（Linguae Vivae）」、即ち現代の生活言語である英語、フランス語、ドイツ語、イタリア語に力を入れて教えざるを得ない状況だった。

震旦学院の初期の外国語教育において、ラテン語、英語、フランス語のいずれに重点が置かれていたのだろうか。章程が定めるところでは、震旦学院の「主要科目」は〔カリキュラム上は〕紛れもなくラテン語とされていた。二年間の学院生活において、毎日四時間の授業があり、二年間で六百時間の計算とするならば、全部で二四〇〇時間の授業を受けることになり、その内、「最初の一二〇〇時間はラテン語の教育時間とし、次の一二〇〇時間はいずれかの外国語の教育時間」

と定められていた(6)。ラテン語を主とし、英語・フランス語を従としていたことは明らかである。

しかし、学生と社会の需要の面から言えば、英語やフランス語のほうがより重要だった。上海の共同租界工部局やフランス租界の公董局では英語とフランス語が公用言語とされており、各大企業や税関・郵便局・学校などの華人機構においても英語が流行していたほどだった。ラテン語には「単数・複数、陽数・陰数の区別があり」(7)、教えるのには難し過ぎる言語でもあり、年を取ってから初めて学ぶ者には、理解するのが困難だった。馬相伯は老年になってからも授業を受け持っていたが、助手として張乃昌《チョウナイショウ》を雇い、ラテン語と英語の授業を担当させた。このほか、項驤と一人のイエズス会士が英語を教え、もう一人のイエズス会士がフランス語を教えた。さらにばつが悪いことに、ラテン語の実用性は低すぎ、教会の儀式の中での聖書朗読以外では実際に使われることが少なかった。馬相伯はやむを得ず、徐家匯の書庫から明朝末期のカトリック教徒・李之藻《リジソウ》（一五七一～一六三〇）と傅汎際《デンハンサイ》〔Francisco Furtad、一五八九～一六五三〕の翻訳本『名理探』（ラテン語原著はポルトガルのコインブラ大学で教材として用いられていたアリストテレスの『形而上学』）を見つけ出し、その中のラテン語訳と中国語訳を対照させ、学生たちに明朝末期・清朝初期のイエズス会士の経験を参考にして「ラテン語―中国語」翻訳の練習をさせたのは、一種の翻訳実践と言えよう。

震旦学院の英語教育が順調に展開していくなかで、項驤が多くの学生の中で特別な位置にあったことが垣間見られる。馬相伯からラテン語を習った蔡元培の「二十四人の学生」〔前述〕の中の一人が、温州人の項驤だった。彼は瑞安の方言館、上海の梅渓書院、南洋公学で長年にわたり英語を学んだという点に特徴がある。一九〇三年、項驤は南洋公学を離れ、「訳社」を創設し、西洋の学問書翻訳に従事した。その後、震旦学院の総教習（学長）となる馬相伯は項驤を同学院の総幹事（教務長）として招聘し、項驤は英語教師を兼任するとともに、『震旦学院章程』の起草にも協力した。[9] 馬相伯は震旦学院の開学の演説の中で「〔項驤〕先生はこの〔震旦学院を設立する〕ために、長年にわたり働いてこられました。このように震旦学院がここに設立されましたが、実に東甌《トウオウ》〔紀元前五〜二世紀に温州付近に存在していた国〕の人、項渭臣〔項驤〕氏がこれを発起されたのです」[10] と述べるなど、項驤を同学院の「発起人」の一人と見なしていた。

項驤は「二十四人の学生」の中でも才能が突出しており、彼は自身の英語能力によって活躍していた。恐らく、項驤などは蔡元培が南洋公学特別班で推進していた「和文漢読法」に満足できなかったので、「七つの外国語」を解する馬相伯を教授として招くように促したと推測できる。震旦学院はフランス語よりも英語を重視し、それはラテン語重視に劣らないほどだった。『震旦学院章程』には、ラテン語の他に「英語を速成することを最優先し、その次にフランス語、さらにその次にドイツ語とする。いかなる種類の新書であれ、理にかなった実用者は英語とフランス語のいずれかを翻訳するかを争わないものはないほどであり、いずれか一国の言葉を知れば欧州人の書籍を周覧することができる。それに加えてイギリスとアメリカは同言語であるため、その〔英語の〕用途は甚だ広い」と明確に規定されていた。[11] おおよそ第二年目には震旦学院は学校制度を調整せざるを得なくなり、「訳学館」（Akademie）を正規の大学へと転換させた。それはすなわち、ラテン語による教育を主とし、英語とフランス語をその補助とするという学校制度を改変し、文学、致知（哲学）、象数（数学）、形性（理系）の四科からなる大学制度へと徐々に発展させることであり、それが一、二年後の復旦公学の学校制度のひな型となった。

『復旦公学章程』では、ラテン語は本科の文系・理系の最後の課程に位置付けられた。ラテン語教育は維持されたが、他のキリスト教学校と同様に、既に英語が第一外国語となり、また授業において用いられる言語となっていた[12]。つまり、清朝末期に見られたラテン語の流行は、一九〇五年には既に退潮に向かっていたと言える。厳復《ゲンプク》が校長となり、李登輝《リトウキ》がカリキュラムの構築を担当したが、彼らはイギリスやアメリカの大学での留学経験を活かし、復旦公学を正規の大学に改革しようとした。

清朝末期の維新人士たちがラテン語に熱中したのは偶然的なものでもあった。というのも、汪《オウ》康年《コウネン》と梁啓超が上海租界で創刊した『時務報』（一八九六年）において「西学」を提唱した際、馬氏兄弟〔馬相伯と弟の馬建忠《バケンチュウ》など〕がラテン語に造詣が深いとべた褒めした。同年九月末、梁啓超は新馬路梅福里（後黄河路一二五弄）に住んでおり、新馬路昌寿里に住んでいた馬氏兄弟たちとは近所だった。彼は『馬氏文通』を一読して馬氏兄弟に惚れ込み、彼らとの交友を始めた。梁啓超は上海に滞在していた二年間について、「馬相伯先生と会わない日は数日となかった」と回想している。梁啓超が馬相伯に会う時は、先輩である馬相伯に西洋の政治・外交情勢について意見を請うだけでなく、麦孟華《バクモウカ》と一緒に馬氏兄弟からラテン語を学んだ。広東籍の梁啓超と麦孟華は浙江籍の汪康年、蔡元培、張元済《チョウゲンサイ》をも連れて来るようになり、梁、汪、蔡、張の四人は同じ年に馬相伯からラテン語を学んだ。これらの維新人士たちは自分たちのラテン語に対する情熱によって、「西学」を学ぶことを人々に呼びかけていたのだった。

清朝初期、康熙帝はフランスの宣教師の勧めにより「ラテン館」を開設し、自らラテン語を学習した。しかし「典礼問題」以後は、イエズス会士の宮廷および社会における活動が次第に無くなり、ラテン語は遥か遠くに忘れ去られてしまっていた。清朝末期の「ラテン語流行」の再燃は、単に梁啓超、麦孟華、汪康年、蔡元培、張元済たちが促したものに過ぎなかった。『時務報』の関係者は、馬氏兄弟たちのラテン語の学識に影響され、彼らから伝え聞くことに基づいて、それこそが「西学」であるとイメージし、早合点して喧伝してしまった。

一八九六年一〇月八日、梁啓超は厳復に手紙を書き、自分が馬建忠からラテン語を習っていることを告げ、厳復に意見を求めた。厳復は「西学」の翻訳者としての名声があったが、彼もまたラテン語が非常に重要であると思いこみ、「この言語（ラテン語）とギリシア語はやはり西洋文学の根本である」と考えていた。厳復がラテン語をべた褒めしたため、西洋文化をよく理解せず、しかも軽々しく信じてしまう梁啓超はその影響を受け、その結果、清朝末期の「ラテン語流行」が馬相伯の周りで起こり始めたのだった。情熱に燃える梁啓超、汪康年、蔡元培、張元済、そして南洋公学の「二十四人の学生」たちに対して、馬相伯はラテン語を教えることに関して態度を保留し、それを学校の第一言語とするとは主張していなかった。馬相伯は後に、「私は彼（蔡元培）に、ラテン語は西洋において既に古びたものとなっており、大学以外の各学校においてはもはや重視されていないのだから、ましてや中国の学者がそれを学ぶ必要はない、と言ったのだが、いかんせん孑民〔蔡元培〕氏が執拗に学びたがっていた。彼は、ラテン語はヨーロッパ各国の言語の根本であり、各国の言語の多くはラテン語にルーツを持ち、もしラテン語が分からなければ西洋の全ての古代文化は理解することができないと語っていた。確かに孑民氏のいうことは正論なのだが、しかし私はそれは実現が困難だと思っていた」と語っていた[13]。馬相伯がラテン語教育の失敗を蔡元培などのロマンチックな情熱のせいにしているのは、かえって滑稽な話以外の何物でもない。

二　復旦公学：震旦学院からの分裂による誕生

震旦学院の日常的な授業での使用言語は漢語（官話や呉語）であり、ラテン語が第一外国語に位置付けられていた。しかし同学院の正規の教授たちが用いる主要外国語はやはり英語だった。『震旦学院章程』の規定によれば、フランス語はラテン語と英語に次いで第三番目に位置付けられる外国語に過ぎなかった。また、震旦学院の英語教育は自前の教員を備えていたが、フランス語教育はイエズス会の支援に頼らなければならず、英語の適用範囲が広かったのに対し、フランス語で仕事を見つけることは困難であり、英語の地位はフランス語よりも前に位置していた。

英語の需要に応じて、馬相伯は『ラテン文通』以外にも自ら英語教材を編集し、また自ら英語教育を担当した。当時、上海では、ビジネス会話（ピジン英語）をすべて暗唱する東インド会社の英語教育法が流行していたが、馬相伯はシェイクスピアの作品を選び、発音記号を用いて字の音・形・意味を練習させていた。これは明らかに草創期の科学的な教育方法だが、残念なことに馬相伯のこの英語教材は現在まで発見されていない。

イギリス、アメリカ、フランスは、清朝がアヘン戦争後に最も早く接触した三大列強だった。イギリスとアメリカは同じ言語であり、中国における貿易、商業、軍事のいずれの力においてもフランスより強かった。しかし、英語とフランス語のいずれがより強いかという問題を議論するとなると、なお多くの論争があった。

馬相伯はフランス語、英語、ラテン語に通じており、彼の神学、哲学、科学の教育は自ずとフランス教会やフランス文化に近いものとなった。一九〇四年初頭、馬相伯は老齢のため体力が衰え、自分で教務を管理できなくなったため、イエズス会を招いて迅速に震旦学院を引き継ぎ、学校運営を正規なものとした。もともと安徽省で伝道していたフランスのイエズス会士 Francois Perrin（南従周）が一九〇五年初頭に着任し、教務長を担当し、同年三月九日には教学改革案を発表した。彼は「英語を廃止し、フランス語を重視し、教育の各権限はすべて西洋人教師が握る」という案を決定し、大騒動となった。[14] 問題は「フランス帝国主義による簒奪」にあったのではなく、「英語を廃止し、フランス語を重視する」という点にあった。[15]上海の学生たちは、お金を稼ぐために、より実用的である英語の方を特に好んでいたからだ。

学校制度の観点から見るならば、震旦学院から復旦公学への分裂は必然的なものだった。震旦学院はゼロからのスタートだったが、開学二年にして既に自治的な制度を整え、一部の権利は学生たちに委ねられているほどだった。開学後は人手が不足していたため、幾人かの能力のある年長の学生たちが校務や教務の管理に加わった。例えば、二十四歳だった項驤は英語に堪能であり、多くの校務・教務に熟知していたため、専任の総幹事として招聘された。前任だったもう一人の幹事・鄭《テイ》子《シ》漁《リョウ》は会計を担当していたが、彼もまた学生だった。劉紹寛の見るところによれば、震旦学院の学生は能力があり、科挙試験に合格し官職を得ていた者たちも少なくなかった。[16]震旦学院の初期の自治に関する記述によれば、状況はやや混乱していたようでもあり、唯一あったのは創設の意気込みだけだった。「震旦学院の創立当初は校舎を持たず、資金もなく、徐家匯の古びた天文台の小さな一棟を借りていた。当時の状況は非常に粗末かつ困難であり、馬相伯先生の寝室の外には七、八人の上級生が共同で居住する自習寮があり、それ以外の学生は皆、階下の部屋に押し込められるようにして住んでいた。しかし学生たちの精神は極めて旺盛であり、馬相伯先生は辛苦を厭わずこの学校を支えた。彼は六十数歳の老人であり、すっかり白髪になっていたが、それでも自ら授業を担当し、最後まで努力を惜しまなかった。彼は学生たちと共に食事をすることを好み、グループに分かれて会食し、こうした面談の機会を通して学生たちの状況を理解し、彼らを啓発また教育した。」[17] 自治的だった初期の震旦学院は、多くの学校運営のできる人材を養育し、同時に教師と学生、教務と学務、学校と社会がそれぞれに不可分である密接な関係を形成していた。学校制度をより完全なものとするためには震旦学院に対して改革を行う必要があった。震旦学院の改革、それはもう一つの学校、すなわち復旦公学に分裂することが避けられないものであり、震旦学院から復旦公学へと変遷する鍵となる事柄だった。

馬相伯自身が寄贈した松江と青浦の二県の三千畝〔九万坪〕の土地収入、および市内の多くの不動産収入のおかげで、震旦学院の基本的な財政は安定していた。しかし恒常的な校舎の建設、専任教師の雇用、学生募集範囲の拡大、現代的学校制度の整備など、学院の長期発展を計画することは、馬相伯にはその思いはあっても力が足りなかった。また働きながら学ぶ「訳学館」や「訳社」のような学校体制から、正規の現代的大学体制に移行させることは、困難に困難を加えるような事柄だった。そこで馬相伯はここに至ってイエズス会の援助を請うことになった。しかし、「その年（一九〇五年）の春、〔馬相伯〕先生は病のため養生を余儀なくされ、外国籍の教員が学校改革を担うようになり、別の規則が定められ、〔学校の理念が〕創立時の初心から離れてしまった。先生は教師と生徒の衝突を回避させるため、学生全体を引き連れて徐家匯の古き場所を離れ、別の新校舎を探し求めた。……先生は両江総督の周馥《シュウフク》に願い出て、呉淞の野営地七十数畝〔約二千百坪〕を分割してもらい、校舎建設の準備を始めた。同時に、一万元を拠出して呉淞提督の兵営地を分割してもらい臨時校舎とし、その年の秋に正式に開学し」[18]、復旦公学が誕生したのだった。

三　民族主義：言語と民族と宗教

言語は近現代の民族国家において重要な要素の一つである。またもう一つの重要な要素は宗教である。カントは『永久平和のために』の中で、「大自然は『言語の相違』と『宗教の相違』という二つの手段によって、各民族が交じり合わないように隔離させた」[19]と述べている。一九世紀以前、ヨーロッパは「国民国家（nation-state）」の形成の過程において、各国はそれぞれに言語の統一（例えばフランス語、ドイツ語、英語、イタリア語）、や宗教の確定（例えばルター派、カルヴァン派、長老派、聖公会、ローマ・カトリック教会など）といった措置を取った。そしてこれら二つの手段（言語と宗教）により国民としての「アイデンティティー」を確立し、それらを国民国家の精神的支柱とした。二十世紀の「世俗化」や「多元化」の以前、フランス、ドイツ、ロシア、イタリアなどヨーロッパ大陸の近代国家は等しく皆この方法によって建設された。イギリス、アメリカ、カナダ、オーストラリアなどの英語圏の国家も概ね同様の道筋をたどった。当然のことながら、この方法と道筋は現代の「国民国家」においては反省的に受け止められ、そして放棄され、「政教分離」と「文化の多様性」が旧来の「言語」や「信仰」をアイデンティティーとする原則に取って代わるようになった。

中国と日本の両国は近代国家建設の過程において、やはりヨーロッパやアメリカ、またその他の「西洋化」した国家と同様の道筋を歩んだ。そして、言語統一と国教確立の試みが東アジア社会においても大いに推し進められた。しかし、こうした努力は成功したわけではなかった。日本の状況についてはここでは論じないでおくが、中国に関して言うならば、今日に至るまで言語の統一は達成されておらず、普通話〔標準中国語、北京語〕の普及によってでさえも諸々の方言の使用が廃絶されてはいない。また中国では統一された宗教が形成されることもなく、仏教、道教、イスラム教、天主教〔カトリック・キリスト教〕、基督教〔プロテスタント・キリスト教〕の五大宗教を許容しつつ統制している。宗教の統一という「国教確立」の問題は非常に複雑であり、これについては別途論じる必要がある。ここでは「国語」に限って論じるならば、中国は今日に至るまで、統一された言語を形成し、それを「国語」としてアイデンティティーの指標とし、すべての中国人に受け入られるようにすることができていない。中華民国以来、中央政府は常に標準語の確立を試みてきたが、しかし各地方の方言の伝統は根強く、言語の差異性を拭い去ることはできなかった。中国、日本、韓国、ベトナムなど、以前に儒教社会だった国々は、それぞれその内部に複数の文化、習俗、言語、宗教の違いを保持している。東アジア民族は「方言」の問題においては多元的価値観を持っており、それは他の民族の言語を吸収する上での助けとなる。言い換えるならば、伝統的な中国人は、フランスの作家ドーデが書いた『最後の授業』で描かれたような、民族の言語をアイデンティティーの指標とすることはしない。言語民族主義は中国人の伝統ではないのだ。中国人のこうした「世界主義」的な「方言」価値観は、彼らが「広方言」すなわちヨーロッパ諸言語に出会った時に、開かれた心の姿勢でそれらを謙遜に学ぶ手助けとなる。特にこうした言語は貿易、文化、知識において益をもたらしてくれるものである。

伝統的に中国人は、言語を交流の道具とみなし、その実用性と効果を重視し、アイデンティティーとしての意味をあまり重視しなかった。清朝末期の近代国家建設の時期、外国語を学習することが先決とされた。言語と政治が混在してしまった北京の京師同文館（一八六二年）は問題にぶつかってしまったが、言語民族主義が薄かった上海や広州の広方言館（一八六三年）は順調に発展した。それらの違いは、北京の満州族貴族階層が言語をアイデンティティーの指標と考えていたのに対し、上海や広州の紳商たちは言語を単に交流の道具にしか過ぎないと考えていたことにある。一九〇三年に張百熙《チョウハクキ》が書いた『奏定学校章程』では、「中学堂以上の各学堂においては、西洋言語を勤勉に学ぶ必要がある。今日の時勢、西洋言語に通じていない者は交渉、旅行、留学において必ずや妨げがあるだろう」と記されている。[20]こうした開放的な文化的雰囲気において、中国人が英語、フランス語、ラテン語、そして或いは後にドイツ語、日本語、ロシア語などを学習する際、それほど大きな妨げにあうことがなく、外国語教育は貿易港から内陸部の都市に至るまで急速に普及した。

一八八〇年代、広州には四百人の士紳（その内十名が進士、翰林）が連名で教会に書簡を送り、広州にキリスト教学校を開設し、英語教育をしてくれるようにと願い出た。[21]一八九五年、蘇州の士紳が宣教師のデービッド・アンダーソン〔孫楽文〕に対して、キリスト教学校を開設し、蘇州人の子弟たちが英語を学べるようにしてほしいと求めた。[22] このように、外国語教育が欠如していた内陸部の都市では英語学習の要望がより一層強い状況だった。

もちろん、これらと反対の状況も起こっていた。中国人と「列強」が行き来し合う中で、言語をアイデンティティーの指標とし、自分たちの「言語民族主義」を作り出し始める人々も現れた。一九〇六年、山東の教会が設立した斉魯大学〔Cheloo University〕の学生たちが授業ボイコットし、中国語で授業をする方式を改め、上海の聖約翰大学〔St. John's University〕のように英語で授業をする方式にするように要求した。学生とその家族の要求に応じ、斉魯大学は翌年から英語での授業に改めた。[23] 興味深いことに、一九二五年の「五・三〇運動」の際、聖約翰大学の学生たちは授業をボイコットし、中国語の権利を主張し、全て英語で実施している授業を中国語での授業に改めるように要求していた。聖約翰大学側は、「言語民族主義」の雰囲気の中で、それまで同校が一貫してきた「英語を媒介とする」という方法を改変する必要に迫られ、中国人の教師・学生たちの要求は一九四六年になって実現された。[24]〔今日の〕研究はこうした矛盾した現象に着目し、これらをそれぞれ「英語に関する闘争」また「中国語〔漢語〕に関する論争」と呼び、「興味深いことに、授業に際して用いるこれら二つの言語に関して、学生たちはどちらにも不満を抱いており、いずれもが学生運動を引き起こした」と指摘している。[25] こうした矛盾現象は、中国の伝統的な言語観において、言語をアイデンティティーと結びつける考えが薄かった、ということを物語っている。しかし、現代の「国民国家」の言語価値観の影響を受けた現代の学者たちは、「言語民族主義」に傾く傾向がある。

「震旦学院から復旦公学へ」の変遷の事例は、中国の近代化への転換期の「言語民族主義」の複雑性を表している。『震旦学院章程』（一九〇二年）は中国語を授業の使用言語と位置づけ、「西洋の諸学問を教え学ぶ際には、均しく国語（中国語）、国文を使用することが本院が重視するところであり、我が国においてもこれが使用されることを求める」と規定していた。中国語を採用する理由は、これらの「挙人」や「秀才」の学生たちが英語で授業を聞き取れなかったからというわけではなく、「西洋の学問が中国語を未だ重んじておらず」、「中国語と愛国心とは密接な関係があるから」だった[26]。ここに明らかに一種の「言語民族主義」の萌芽が見受けられる。しかし、『復旦公学章程』（一九〇五年）において、予科の一部の国学と中国史・地理の科目で中国語が使用された以外、他の「西学」に関する科目では均しく英語が採用されていた。

一九〇五年、復旦公学はラテン語を第一言語とすることを止め、フランス語も二次的な位置に下げられた。聖約翰大学と同様に、復旦公学は英語を第一外国語としただけでなく、大多数の科目において英語を使用することを採用した。「震旦学院から復旦公学へ」の変遷の過程において、確かに英語とフランス語のいずれを重視するかという論争はあったが、しかし外国語教育が原因となって「民族主義」に結びつくということはなかった。震旦学院を離脱した後の復旦公学は、ある種の「言語世界主義」をより一層強め、「言語民族主義」といった価値観に傾くことはなか

ったという点は肯定的に評価することができる。〔翻訳：松谷曄介〕

注

（1）〔訳者註〕本稿は李天綱「従震旦到復旦：清末的外語教学与民族主義」の抄訳である。
（2）周予同『中国現代教育史』上海：良友図書公司、一九三四年、三三頁。
（3）馬相伯「〈拉丁文通〉叙言」、『馬相伯巻』北京：中国人民大学出版社、二〇一四年、四二頁。
（4）「震旦学院章程」（一九〇二）、『復旦大学誌』（上海、复旦大学出版社、一九八五年）所収。
（5）劉紹寛『厚庄日記』、温州市図書館所蔵。
（6）馬相伯『震旦学院章程』（一九〇二）、『馬相伯巻』前掲、三七頁。
（7）馬相伯『拉丁文通』。同書は馬相伯が震旦学院と復旦公学の学生のために編集したラテン語教材であり、方豪氏が『〈拉丁文通〉叙言』に所収し、『馬相伯先生文集』に収録された。今回、日本の大阪大学の内田慶市教授が同資料を発見し、複写したものを筆者に提供してくださり使用を許可してくださった。ここに感謝の意を表する。
（8）張若谷『我所見聞的馬相伯先生』、同著者『馬相伯先生年譜』、上海：商務印書館、一九三九年。
（9）震旦大学『震旦大学二十五年小史』上海：震旦大学、一九三八年を参照。
（10）「震旦学院開学記」、『蘇報』光緒二十九年二月初二日。

(11) 馬相伯「震旦学院章程」(一九〇二)、『馬相伯巻』前掲、三七頁。
(12) 馬相伯「復旦公学章程」(一九〇五)、『馬相伯巻』前掲、四七頁。
(13) 馬相伯、王瑞霖「一日一談・蔡孑民先生与二十四個学生学拉丁文」、朱維錚主編『馬相伯集』上海：復旦大学出版社、一九九六年、一一〇五頁。
(14)『復旦同学会刊』、八巻二期、一九三九年三月号
(15)『復旦大学誌』上海：復旦大学出版社、一九八五年、三〇頁。
(16) 劉紹寛、前掲資料。
(17) 張若谷「苦闘了一百年的馬相伯先生」、『馬相伯先生年譜』付録、上海：商務印書館、一九三八年。
(18) 銭智修「馬相伯先生九十八歳年譜」、張若谷『馬相伯先生年譜』上海：商務印書館、一九三八年、「一九〇五年」の項目。
(19) 康徳〔イマヌエル・カント〕著、何兆武訳『永久和平論』上海：上海人民出版社、二〇〇五年、三七頁〔引用文は中国語訳からの訳者訳〕。
(20) 舒新城編『中国近代教育史資料』北京：人民教育出版社、一九六一年、二〇四頁。
(21) 藘茨〔Jessie Lutz〕著、曾炬生訳『中国教会大学史』〔原題：China and Christian colleges〕、杭州：浙江教育出版社、一九八九年、二九頁。
(22) 余子侠「教会大学的産生与中国社会的転型」、章開沅編『文化伝播与教会大学』武漢：湖北教育出版社、一九九六年、一六六頁。
(23) 郭査理〔Charles Hodge Corbett〕著、陶飛亜・他訳『斉魯大学』〔原題：Shantung Christian University: Cheeloo〕、珠海：珠海出版社、一九九九年、七二頁

(24) 徐以驊『教育与宗教：作為伝教媒介的聖約翰大学』珠海：珠海出版社、一九九九年、三五頁。
(25) 楊慧林「早期教会大学的両種授課語言及其価値帰宿」、中国基督教協会『伝教運動与中国教会』北京：宗教文化出版社、二〇〇七年、三七頁。
(26) 馬相伯「震旦学院章程」（一九〇二年）、李天綱編『馬相伯巻』前掲、三七頁。

第三章　韓中日における近代「海洋文学」研究の現況

尹一

「海洋文学」は文学全般における位相として、それほど高くない。文学研究の周辺に位置されている。このような状況は韓中日において大同小異である。ところが、二十一世紀に入って、海洋に対する関心が高くなり、「海洋文学」への関心と役割が改めて認識され、「海洋文学」も一つの関心事になりつつある。「海」が新しい関心領域として浮上しているなかで、「海洋文学」の方向性をどのように設定したらよいのか。本研究の最終的な目標である。そのため、近代から現在に至るまで論じられている韓中日における「海洋文学」の談論を調べ、これに基づいた「海洋文学」が目指すべき方向について模索してみたいと考えている。その方向性ということは、海洋体験という文学的素材を超え、海洋人文学的レベルまで、さらに海洋文化というより広い範囲のなかで、探ってみたい問題である。本題に入る前、次頁の地図に眼を通してもらいたい。

上段左の地図は、富山県が関わっている「日本海学推進機構」が制作した「逆さ地図」であり、その説明に「日本海が大きな湖のように見え、日本は島国ではなく、大陸や朝鮮半島とつながっ

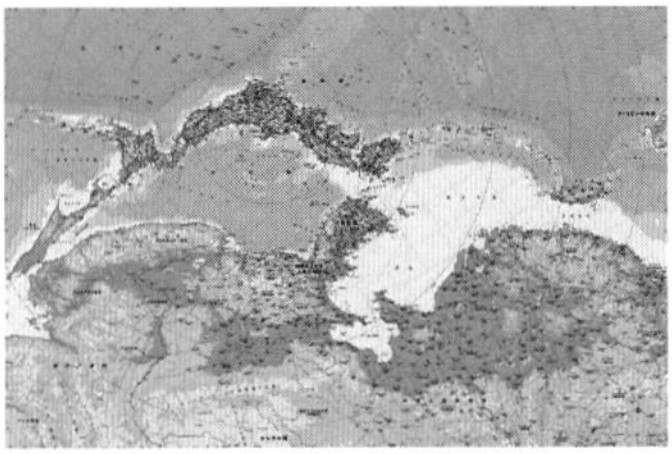

富山県「環日本海・東アジア諸国図」

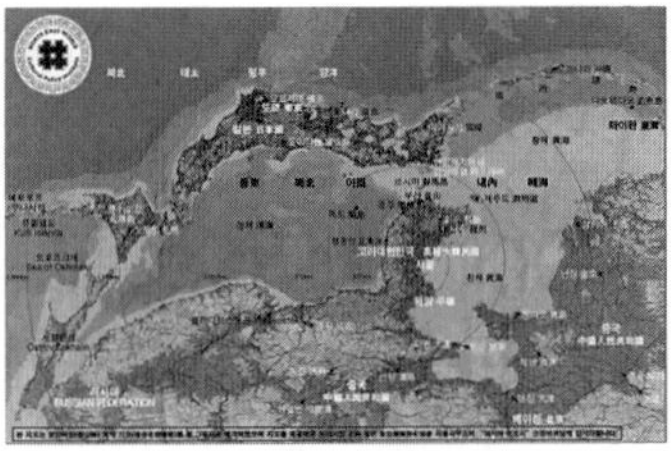

韓国「東北アジア文化政策研究所」

韓国の海洋水産部で配布している逆さ世界地図

ているように感じられ」という。県では一般人に配布している。

上段右の地図は、韓国の「東北アジア文化政策研究所」が制作しているもので、その説明によると、韓半島を中心に東海と西海が韓国の内海（地図の右端を注視）として位置しているという。下段の地図は、韓国の海洋水産部が制作を指示し、配布している。スローガンとして「グローバル海洋強国、大韓民国」を目指している。

中国で制作されている逆さ地図は、まだ確認中であるが、日韓と比較して「海洋」の認識はやや低く、二千年代に入って、その関心が強くなっているようである。ただ、最近中国政府の「(一帯一路、One Belt One Road)」が逆さ地図に一番近い現象であると言われている。

その他、オーストラリアにも一九七九年から逆さ地図が制作され、現在三五万枚が販売されていると言われている。同じ逆さ地図であっても、「海洋」をめぐる認識の違いによって、視点は我田引水である。それでは、人間の普遍的なものを描いている韓中日の文学で、「海洋」をどのようにみていたのであろうか。さらに「海洋文学」が目指す方向は、それぞれどのようなものであるか。韓中日における「海洋文学」作品の分析はできないが、三カ国の「海洋文学」談論を中心に、その研究の流れを話してみたい。ただ、論者の専門外である韓国と中国の海洋文学研究史は、韓国釜慶大学の南松祐先生の見解を採用している。

一　韓国における「海洋文学」の研究

広い意味での「海洋文学」作品は韓国文学でも多い。代表的な古典の中で「漂海録」（一四八八）や「鼈主簿傳」（朝鮮時代、作者、年代未詳）などがあり、現代文学にも李常春の「西海風波」（一九一四）をはじめ、全光鏞の「黑山島」（一九五五）、金盛式の「清津港」（一九七一）、などの作品が議論の対象になる。しかし「海洋文学」に対する本格的な談論の始まりは日本より遅い（後述する）。「海洋文学」の概念と範囲に関しての論議が始まったのはチェガンヒョンの「韓国海洋文学研究」（『省谷論叢』一二輯、省谷學術文化財團、一九八一）最初である。チェがこの論文のなかで「海洋文学」という用語を初めて使っていたが、この用語は独創的なものではなく、日本から輸入したものであり、「海を対象にしたり、或いは海が作品の主題になっている」（『韓国語大事典』、ケンブン社、一九七六）ということを明らかにしていた。

その以後、尹置富の「海洋文学研究」（建国大学大学院、一九九二）が発表され、続いてチェヨンホの「韓国文学における海洋文学が持つ位相」（地平の文学、一九九三年）が発表された。そして、一九九四年に曺圭益とチェヨンホが『海洋文学を探って（集文堂）』を出版し、海洋文学論について土台が設けられた。最近の研究で、本格的な海洋文学論の展開はチェヨンホの「韓国文学における海洋文学が持つ位相」による。チェヨンホは海洋文学論を提議しながら、海洋小説の様相について次のように提示している。

①　海を作品のテーマ、素材、背景とし、一つの体験の観点でなく観照的な観点で描いた作品
②　漁村を描いた作品
③　漁民たちの暮らしをより具体的・根源的に形象化した作品
④　漁民たちの厳しい生活の負担を減らし、豊漁祭で大漁を祈願し、海を公共の大活躍の場所として責任を負えている特別な存在として描いた作品
⑤　漁民と船主間に置かれた人権、労働問題に集中した作品
⑥　海を民族的な問題と結び付けた作品
⑦　遠洋漁船の船員生活そのものを詳しく紹介した作品
⑧　島を作品の主要媒介にした作品

こうした海洋小説に対する定義は、かなり進展したところもあるが、尹置富の「海洋文学」の範囲より幅広い概念であることが分かる。これに対して具謨龍は、こういう類型は「海洋文学」という広い範囲によるものであって、ジャンルとしての海洋小説を念頭に置く場合、これらのすべてが包括できないと指摘している（『海洋文学というものは何か』、「展望」、二〇〇四）。彼は海が観照の対象になったり、漁民たちの現実と日常的な生活などを表現したものは、特にジャン

ルとして、海洋小説を念頭に置く必要がない作品であると規定している。そして、これらをすべて海洋小説の範囲に入れるということは、ジャンルを単純な素材主義と混同する結果を生むことになることであり、そのため、海洋小説の場合においても、海洋詩と同様に船人の海洋体験が小説化されたものに限定する必要があると明確にした。

これに対して、チェヨンホは「海洋文学」は海だけを強調したり、追求する文学に制限されてはならない。海だけを強調して作品の価値を評価するのは退屈な体験主義に止まる危険があるという。海の間接体験としても、それが文学のなかに溶けたのであれば、それも「海洋文学」に当然含まれるという。「海洋文学」はその特殊性、差別性を強調するため、提示されるのではなく、普遍的な文学の領域を拡大させる、普遍的な文学という観点から始まらなければならないと明らかにしたことで、広義の「海洋文学」の概念が生まれている。

その後、これらの議論についてのシン・ジョンホは、「韓中海洋文学研究序説—海洋認識の起源と海洋文学の範囲」（中国人文学会学術大会の発表論文集、二〇〇九）のなかで、二人の議論を改めて確認している。シン・ジョンホは、二人の主張は一理があるようだが、「海洋文学」の論しては限界があると主張する。

シンは「海洋文学」のジャンルの基準になる最も大事なことはテーマであり、最も重要な美学的準拠は、体験の文学化という点を逃してはならないという。海洋体験こそ「海洋文学」の背景とテーマがなるという。曖昧な慣習的概念から「海洋文学」の概念を拡張するのではなく、海洋詩、海洋小説、海洋演劇などのように、具体的なジャンルから「海洋文学」を収集し、関連研究を進めなければならないと指摘している。また、海洋が近代的な国民・国家の表象システムに投影されており、新たに発見された風景という点は十分に納得ができることであり、近代以前において海＝野蛮、近代以降の海＝文明世界ということも一理あると言う。が、近代文学の概念枠組みのなかで、いわゆる前近代の「海洋文学」作品を一律的に判断することも問題が生じるという。

このようなシン・ジョンホの主張は「韓中海洋文学比較研究序説―時論的接近」（図書文化四〇、二〇一二）で、中国の海洋文学論と韓国の海洋文学論を比較した後、「韓国の海洋文学研究者の間ですでに海洋体験、海洋文化、島と入り江の漁路と漁民の生活など、海洋文化と密接な文学作品を海洋文学と見なす合意に達した」と整理している。しかし、シン・ジョンホの主張のようにこのような合意が研究者たちによって碌にに行われたと見られない。これから十分に多くの討論と論争を通じて公論化過程を経なければならない課題をまだ残していると思う。

二　中国における「海洋文学」の研究

中国の「海洋文学」は中国文学の重要な構成の一部で、数千年にわたる中国文学の全体的な過程と同じく、神話伝説時代から今日に至るまで豊富で多彩な成果を成し遂げている。「海洋文学」に対する中国の研究は大きく、三つに分けられる。

① 一般的な文学作品研究である。古代書簡東方朔の『海内十洲記』、大韓帝国末期、曹操の『觀滄海』、文鎮綿（木華）の『海賦』と潘岳の『滄海賦』、南斉の張融の『海賦』、明代の羅懋登の『三寶太監西洋記通俗演義』、清時代の李汝珍の『鏡花緣』など、中国の古代文学作品の中で、海洋を題材にしたり、或いは海洋冒険を扱った作品に対する分析研究。

② 海と関連する民間信仰が記録された作品を民俗学的な観点から分析研究。

③ 比較文学の観点から中国と西洋の「海洋文学」作品を分析研究。比較研究は、また二つの方向に分けられる。一つは、西洋から「海洋文学」の範囲に入れられる小説が一八世紀の前後、活発に創作されたことに注目し、同時期、明・清の作品との比較研究。もう一つは、西洋の「海洋文学」が、人間と海の対立、或いは和解を扱っていたが、これを通して人間の内面世界を表現したことに対して、中国の「海洋文学」にこのような精神が不在であったことを考察する研究[1]。

このような先行研究から注目すべきことは、ほとんどの研究が二〇〇〇年以後、集中的に行われたことである。中国の論文を確認してみると、「海洋文学」とかかわる研究は、約一一四編のなか、二〇〇〇年以前は一五編にすぎない。周知のとおり、明・清の時代に実施された海禁政策は、文学者たちの眼を海に向けることができなかった。しかし、二〇〇〇年以後、中国の「海洋文学」研究は、急激に進んでいる。海洋に対する研究は、政治、社会、外交、文化など、全般的な分野で、その影響を拡大しており、中国政府の方針と同時に勧められているような気がする。実際、二〇〇六年から、中国のCCTVなどでは、「大洋海軍」のイメージが急に浮上しており、東アジアの領土紛争とかかわっているようにも見える。

このような関心のなかでも、「海洋文学」の定義の問題について、韓国ほど激しい学問的論争はなかった。と言って、中国の研究者たちが「海洋文学」に対する談論を生成してないわけではない。中国大陸と台湾で提起された「海洋文学」談論は次のような論議がある。

中国語圏のなかで詩、小説、散文などで、「海洋文学」の選集を編纂した[2]、台湾の林耀徳が「海洋文学」に対する簡単な定義をしている。彼は、詩選集『海是地球的第一個名字（海は地球の初の名前）』の序文で「海洋文学」に対する見解を書いている。

① 経験的な海洋現象から開始するか、ただ、事実を描写するか、或いは事実から虚構に入って人生の立場の感慨を人と海洋の関係を探索した作品

② 経験を超越した海洋象徴から開始するか、虚構から事実に入るかを類型にして、特定の現実でのテーマを扱っている。或いは虚構から虚構に入るが…抽象化、記号化した海洋を借りてどのような人生観、宇宙観を暗示した作品

③　海を客観的問題から見た作品
④　海を単純な道具とみなして詩人の記述、あるいは敍情の配置を成し遂げた作品

以上の「海洋文学」に対する見解を参照すれば、海洋意識の有無によって、「海洋文学」作品を広く眺めていることを知ることができる。つまり、作品の中で、文学者の趣旨がどうであれ、作品から海と関連した問題を言及しさえすれば、すべて「海洋文学」の範囲に入ることができるという立場であり、このようなレベルで、『海洋文学選集』が編纂されたことが分かる。

ところが、台湾で『中国現代海洋文学選集』が小説、詩に区分され、一九八七年に出版されたことは、韓国で「海洋文学」と関連された研究成果が、『海洋文学を探って』（一九九四）年に出版され、翌年の一九九五年に、現代文学作品を発掘して『韓国海洋文学選集』（全八冊）を発行したことに比べ、より早く、「海洋文学」に対する認識があったことが分かる。

これは、朱學恕らが出版した中国海洋文学大系の一種である『二〇世紀の海洋の際、作品を鑑賞分析選集』にも見られる。

何が海洋詩なのか？　この名詞は定義することが、とても難しい。もし海洋をテーマにして、正面から海を書いた詩ではないとダメ、この海洋詩と認めれば、この選集にある数多くの詩はすべて不合格てある。多くの詩が描いているのは、実は人間であり、海洋はその背景にな

っている。(3)

ここにも海洋詩の概念をかなり幅広くしている。ところで、中国語圏「海洋文学」創作者や研究者たちのすべてが、このように広い「海洋文学」概念を持っていることはない。中国の代表的な「海洋文学」研究者の一人である陳慶元は、次のように「海洋文学」を整理している。(4)

何が中国の「海洋文学」作品であり、中国海洋文学研究であるかについて言ってみよう。

①　大自然の海洋景色、海辺と島の自然景色
②　邊海人たちと島の人たちの生存を意志する海洋環境
③　海洋の神話伝説と海洋の民間信仰
④　海上労働と海上商品交易、対外貿易活動
⑤　域内での海上交通と海の移民活動
⑥　域外での航海外交・宗教以外の文化交流や海外への移民活動
⑦　海上を経ているさまざまな宗教活動
⑧　海上戦争、域内の戦争、外部から来た勢力の海上侵入と侵略に反対している戦争
⑨　海上と邊海で発生した各種の話
⑩　感情吐露の対象としての海洋

以上の内容から確認されるとおり、中国大陸での「海洋文学」研究は海洋活動、海上活動、海の生活で、次第に明確になっている。ところで、韓国の「海洋文学」の研究で扱われなかった、域内の海上交通と海の移民活動、域外の航海外交・宗教以外の文化交流や海外への移民活動、海上を経由するさまざまな宗教活動、海上戦争、域内の戦争、外部から来た勢力の海上侵入と侵略に反対している戦争などを扱っている点は、注目すべきである。それほど、「海洋文学」の研究成果が蓄積され、単なる憧れ、想像のレベルの「海洋文学」が「海洋文学」の範囲内のなかで論議されていると見ている。

中国の生活中心の「海洋文学」の定義は、最近の韓国の「海洋文学」の定義と類似した様相を見せるている見られるが、韓国はその内容において、違った部分を確認することができる。このようなレベルで、韓中の「海洋文学」に対する認識と、その範囲の議論は、もう本格的な段階を向けて出発していると見なすことができよう。

三　日本における「海洋文学」の研究

日本の「海洋文学」に対する定義は、韓国と中国より、早く行われていた。以下、論者の見解を紹介しておく(5)。

海洋意識は勿論文字通りに海洋に関する意識であるが、唯それが文学との関係に於て考えられるとすれば、この意識は必然に一つの文芸意識でなければならぬ。つまり日本は日本文学の中に海洋がいかに意識されているかという一般的な意味よりも、むしろ日本文学を創造してゆく文芸意識或は美意識の中に海洋がおよそどのような役割をもつかという、もっと特殊な意味が考えられなければなるまい。

「海洋意識」のなかに「文芸意識」や「美意識」が含まれることを「海洋文学」の前提としていることは当然であるが、そのような「意識」のなかに海洋がどのような役割―果たすかという話が、一九四一年から始まったのは、韓国や中国より、はるかに早い。また、同じ雑誌のなかにも、次のような見解があり、日本の「海洋文学」の種類を規定した最初の試みであるかもしれない。⑥

海洋を対象とする文学と言う場合、更にこれを大きく、海洋自体を対象とする文学と、海洋人、海洋生活者を対象とした文学と区分せられ得るであろう。

「海洋自体を対象とする文学」と「海洋人、海洋生活者を対象とした文学」は、素材やテーマ、比較的最近、韓国と中国で論議されている生活や背景などのいわゆる問題が含まれる。さらに、約三〇年後の次のような見解は、より進展された「海洋文学」論である。[7]

> 海洋文学では、初めにふれたように、海の描写に力点がおかれたもの、言わば海そのものが主人公になっている場合と、海が背景となって、そこに人間のドラマが進行するものと、大きく二つに分けられるだろうが、その境い目のはっきりしないものも多くあるだろう。いずれにせよ、海の描き方、出し方が印象的なものでない限り、海洋文学とは言いがたい。

ところで、一九四一年刊行された『国文学解釈과 鑑賞』の「海洋文学」特集号のなかに一三編「海洋文学」論が集中されており、他の時期の研究と比べると、終戦以前に「海洋文学」論が活発であったことが分かる。もう一つ、三年後の井東憲「海洋文学論」(『書物展望』一四―二、一九四四)を例にすると、井東が提議している「海洋文学」は明治の海戦と密接な関係があった。[8]

> 日清、日露戦争の両役は、我海軍の活躍によって、海洋思想の普及発達を見たので、単に海洋を背景として小説を作り上げたのではない。本当の海洋思想から出た本格的な海洋小説が現れた。

また、次のような「海洋文学」に対する見解は大東亜戦争そのものである。[9]

日本の海洋文学は、未だこれから新しく出帆す可く準備中というところではあるまいか。戦争は常に、新しい民族的国民的文学を生む。大東亜戦争が、日本の文学者をして、偉大な海洋文学を創造させることは必然である。

さらに、『国文学解釈과 鑑賞』（一九四二）の編集者であった藤村作の「編集後記」に次のような話があった。[10]

時局下海洋に対する関心が高まりつつある秋、わが国の文学と海洋との連関をとり上げ、上代より現代に至るまでの文学に現れたる海洋を編集してみました。国文学に現われた海洋意識を省みると同時に、現代要望せられている海洋文学建設への指針ともならば幸せです。

「時局」は一九三七年の日中戦争以後、一九四一年一二月の真珠湾を襲撃した時期ではないだろうか。「海洋文学」の特集号の意図がうかがわれる「編集後記」である。ところで、日本における「海洋文学」の談論のなかで、この時期ほど、「海洋文学」に対する関心が高まったことは、

今までなかった。以後、日本の高度経済成長期である一九七〇年代に入って、ほぼ三〇年ぶりに、小野重朗の「『おもろ』にみる海洋文学의 展開」(『文学』四二―八、一九七四)の他、三編が見える程度であった。そして、より面白いことに、それから、約二〇年間、日本における「海洋文学」論をみることはできなかった。二〇〇一年の「特集　詩論の現在形〈大地性〉と〈海洋性〉あるいは花盛りの迷宮―野村喜和夫と城戸朱理」(『現代詩手帖』四四―五、二〇〇一)から続く八編の研究があるのみである。ところで、二〇〇〇年に入ってからの論は、「海洋文学」という言葉の代わりに、文学における「海洋性」を問う研究であった。

四　まとめ

以上、韓中日における「海洋文学」の研究は、「海洋文学」に対する定義や概念、その範囲についての論議が主流であったと見られる。これは本格的な作品分析まで至っていないという反証であろう。これからの研究が必要とされる理由でもある。新しい海洋時代を迎え、「海洋文学」は、単純な海の体験から、新しい領域をつくらなければならないという文学的問題に直面している。また、「海洋文学」の可能性を模索する時点でもある。陸地の意識から地球の七割を示している海に対する新しい文学的思考が求められる。海の平和的利用にもつながる。

文献一覧

高木市之助（一九四一）「日本文学史と海洋意識」『国文学解釈と鑑賞』、六―一六。

高田瑞穂（一九四一）「海洋文学論」『国文学解釈と鑑賞』、六―一六。

井東憲（一九四四）「海洋文学論」『書物展望』、一四―一二。

福田陸太郎（一九七七）「海洋文学」『ジャンル別比較文学論』。

林燿德 編選（一九八七）『海事』中國現代海洋文學小說選、台北、号角出版社。

朱学恕、汪啓疆（二〇〇二）『二十世紀海洋詩精品賞析選集』、台北、詩藝出版社。

陳慶元（二〇〇九）「序一」『天問・警世―中國古代海洋文學』、北京、海洋出版社。

曾玲琴、張亮（二〇一二）「屈辱與空白：西方探險類海洋文學敲擊中國」『文教資料』。

注

（1）曾玲琴、張亮「屈辱與空白：西方探險類海洋文學敲擊中國」、『文教資料』（二〇一二）。
（2）林燿德 編選『海事』中國現代海洋文學小說選、台北、号角出版社、一九八七：林燿德 編選『海是地球的第一個名字』、中國現代海洋文學詩選、台北、号角出版社、一九八七：林燿德 編選『藍種籽』、中國現代海洋文學散文選、台北、号角出版社、一九八七。

（3）朱学恕、汪啓疆『二十世紀海洋詩精品嘗析選集』、台北、詩藝出版社、二〇〇二、五一―五二。

（4）陳慶元「序一」『天問・警世―中國古代海洋文學』、北京、海洋出版社、二〇〇九、一―三。

（5）高木市之助「日本文学史と海洋意識」（『国文学解釈と鑑賞』六―六、一九四一）、九。

（6）高田瑞穂「海洋文学論」（『国文学解釈と鑑賞』六―六、一九四一）、八一。

（7）福田陸太郎「海洋文学」（『ジャンル別比較文学論』、一九七七）、一三六―一三七。

（8）井東憲「海洋文学論」（『書物展望』一四―二、一九四四）、六四。

（9）井東憲「海洋文学論」（『書物展望』一四―二、一九四四）、六八。

（10）『国文学解釈과 鑑賞』六―六、一九四一、一九七。

第四章　*The Korean Repository*における在韓キリスト教教育に関する報道と議論[1]

王立誠

The Korean Repository[2]［以下、ＫＲと略す］は韓国で出版された初めての英文月刊紙である。その名称や形式は欧米宣教師が初期に中国で宣教事業を切り開く時につくった*The Chinese Repository*（『中国叢報』）に倣っている。同月刊紙は漢城［現・ソウル］でメソジストの出版局を主催していたオーリンガル（Rev. F. Ohlinger）夫妻によって創刊された。一八九二年一～一二月まで一二期が出版され、オーリンガル夫妻がアメリカに帰国したことによって停刊となった。その二年後、同月刊紙はメソジスト出版局によって一八九五年一月に復刊し、一八九八年一二月まで刊行されてのち最終的に停刊となった。このように前後あわせて五巻（年）六〇期が出版された。欧米プロテスタント宣教師は同月刊紙の主な執筆者であった。そのため、同月刊紙はプロテスタント宣教師たちが初期に韓国社会文化を研究し宣教事業を開拓した状況を非常に総合的に取り上げている。本稿はそのなかでキリスト教教育に関する報道や議論を整理し、一九世紀後期

韓国の教育構造やキリスト教教育の開拓状況、およびキリスト教教育目標や方法に関する議論という三つの面からその基本的な内容を明らかにしたい。

一　一九世紀後期韓国の教育構造

宣教師たちが韓国に入った後、韓国現地の教育状況はすぐに西洋宣教師たちの関心を引いた。KRは一八九二年二月に「韓国の学校」と題した文章を掲載し、韓国伝統教育の構造を描き出した。その文章は次のようにいう。「韓国の教育カリキュラムは頗る狭い。現地の学校は非常に似通ったもので、種類の違いはめったにない。現地の学校は進士学堂、経学院および大衆や個人がつくった学塾の三種類がある。これらのすべての学校では漢文のみ教える。現地の言語を教える学校はない。後者の場合、子供はその両親から教わるほかない。いうまでもなく現地の言語にかんする知識は教育とは認められず、漢文を知る人材のみ学者として看做される」[3]。

進士学堂は韓国人に最高学府と目された。「このような学堂は一か所だけで、それは漢城にあり、「進士」の功名をもつ者だけに開かれた。この学堂は全国各地に散布する多くのそれよりレベルが一つ低い学堂より学生が送られてくる。後者は漢城城内に四か所ある。…全国には道ごとに漢城の四学堂と同じようにレベルが一つ低い学堂が一つずつある」[4]。

政府がこれら学堂に文房具を提供し、学生に食事と宿泊を提供する。学生の年齢はまちまちである。最高学府の学生数は約三〇〇人であるが、しかしその起伏が大きい。学堂には「教師がいない。すべての日常活動は仕事をしているというよりは遊ぶといったほうがいい。それは学校らしくなくクラブにもっと似ている。学生たちは三々五々集まって読書したり話をしたり煙草を吸ったりして総じていえばとても居心地いい」。そのほか、「この王国のすべての学堂の一つの特徴は学生たちが夏に詩を作ることである」[5]。

二種類目の学校は経学院である。それは最近新しくつくったもので漢城にある。「それは功名のない若者たちによって組織されている。教育目的からすれば、それは前者より遥かに優れており、もっと学校らしい特徴をもっている。国王は最も好い家庭より学生を派遣し、かつ最も有能な漢文教師を選抜した。学んでいるものは進士学堂と同じであり、全体的な規則もそれに似ている」[6]。

大衆や個人のつくった学塾は漢文を初めて学ぶ男の子たちのためにつくられたものである。「一つの学塾は学生八人までが最大収容人数で、もっとも望ましい効果が得られるとされる」[7]。

実際、当時韓国はまだ李氏朝鮮であり、韓国において一八八二年に日本や西洋国家と条約を締結して開放した後、李氏朝鮮はすぐに新しい学校をつくる需要があった。これら新学堂についてはいくつかの断片的な新聞報道のほか、KRの紙上では主に次の二篇の文章に集中している。一篇は宣教師ギフォード（Daniel L. Gifford）が一八九六年七月と八月に発表した「韓国京城の教育」であり、もう一篇は一八九八年一〇月に掲載された「我々の学校」である。後者は当時アメリカの駐韓総領事だったアレン医師（Dr. H. N. Allen）が一八九八年九月七日にワシントンで「韓国の教育機構と方法」というタイトルで発表した、当時彼が韓国の各学校について行った調査結果を摘録したものである。

新学堂を設立した目的はまず英語を学ぶことにあった。「漢城の英語教育はハリファクス（T. E. Hallifax）が翻訳者を育成するためにつくった学校にはじまる。それは一八八三年に開校し、通商衙門の中で三年間開校された。学生数は三五人で、年齢は一五〜三〇歳だった」[8]。

そして著名なアメリカの教育者ジョン・イートン（John Eaton）が一八八五年春高宗の要請に応じて漢城に設立される官立英学校のために教師を選抜した。「彼の選択はニューヨークユニオン神学院（Union Theological Seminary, N. Y. City）の三人の学生に絞られた。…彼らはギルモア牧師（Rev. G. W. Gilmore）――プリンストン大学一八八三年度卒業生と、バンカー牧師（Rev. D. A. Bunker）――オーバリン学院一八八三年度卒業生、およびハルバート牧師（Rev. H. B. Hulbert）――ダートマス大学一八八四年度卒業生である」[9]。

この官立英学校の名前は「育英公院」である。「官立学校は一八八六年九月二三日に設立された。一人の教師に韓国人通訳が一人付いていた。それはいくつかの韓国で行うことのできる西洋教育を取り入れており、全て英文教材を使用していた。普通の基礎知識の学習以外に国際法や政治経済学の基礎知識をも習得させていた。入学者は約一〇〇人であった」[10]。一八九一年育英公院は日本語学校をも増設した[11]。

育英公院は何人かの優秀な人材を育てた。「そのうちの一人は現職の外務大臣、一人は東京公使館参賛、三人目は済物浦大韓郵政局副局長である」[12]。しかしギルモア、ハルバート、バンカーは学校管理のやり方に不満を抱き前後して学校を離れ、日清戦争が始まった後学校は戦争の影響を受けて閉校された。

日清戦争勃発後、一八九四年高宗は科挙制度を廃止し、また一八九五年には「教育立国」の勅書を公布した。一連の小学校、中学校、師範学校、外国語学校等に関する規定が相次ぎ発表され、これによって韓国初の近代学制が形成された。

当時韓国政府による官立の新式教育のうちもっとも抜きんでたのは次の二校である。

㈠　一つは育英公院を受け継いで設立した外国語学校で、しばしば「皇家学院」と呼ばれた。同校は官立西洋式教育の見本であった。一八九五年ハチスン（W. du Flon Hutchison）がそれを引き継ぎ外国語学校に変えた。同校に対するギフォードの一八九六年の記録は次のとおりである。同校の「教師にはハチスン、ハリファックと韓国人の助教三人がいる」、学生数は一〇三人で、平均在学数は九二人である。学生の平均年齢は一九歳で、最少一六歳、最長二八歳である。「教授科目としては英語の口語・閲読・作文、数学、文法、作文、中英翻訳、韓英翻訳およびいくつかの一般教育カリキュラムなどがある」[13]。その管理下にある日本語学校は一八九六年当時「学生は二つのクラスに分かれており、その人数は四〇人である。平均年齢は一九歳で、最少一六歳、最長三〇歳である。勉強する科目には日本語、および日本語で教授する西洋学や体操などが含まれている」[14]。

一八九六年同外国語学校はフランス語学校とロシア語学校を一つずつ増設した。それらはそれぞれフランス人マーテル（E. Martel）とロシア人ビルコフ（N. Birukof）によって設立された。「二人とも個人で教学した経験をもっている。彼らには韓国人助教が一人ずつついていた。…これらの学校には学生が三六名入学し、フランス語学校には学生が三四人いた。…ロシア語勉強は主に言語であったが、西洋知識もすぐに取り入れられ、各々の言語で教授された」[15]。

(二)　もう一つは近代学制の核心として各地の小中学校の教師を養成するために設立された官立師範学校である。それは一八九五年漢城に開かれ、最初は一人の日本人教師によって主催され、韓国人教師が二人いた。「教授科目は歴史（韓国史と世界史）、算数、地理、漢文、諺文作文および中国経典などがある。師範学校の入学者は漢文の読みと書きができねばならず、年齢は一八〜二五歳である」[16]。

しかしアレンの師範学校に関する記録はそれを「もう一つのアメリカ学校」という。彼は次のように述べる。「それは一八八六年にアメリカから来た三人の教師の一人であるハルバード牧師が教えている学校で、…一八九七年に開校された。…政府がこの学校を設立した意図はこれら養成した教師を利用して全国で正式な公共学校システムをつくることにある。ハルバードさんの任務はこれらの学校で使用する教材を編纂することで、彼はこの方面で豊かな経験をもっている。残念なことにこの師範学校に関連して政府はもう一カ所貴族子弟のための英学校をつくった。…

今のところ師範学校の入学者は三〇人だが、同じ教師の教える英学校には学生が三五人いる。校長は英文部に本土人の助教一人、本土部に助教二名を置いた。本土部の助教二名は中国経典だけを教える」[17]、と。

ＫＲは学制改革が韓国内部の新旧観念の衝突を引き起こしたことに気付いていた。それは一八九六年六月の「学部大臣の上奏文」という文章から分かることだ。新任の学部大臣がポストにつくや否や国王に上奏し、断髪や洋装を着ること、諺文の使用、西暦の使用などを禁ずることと官吏の政治議論を許すことを要求した」[18]。六月九日同大臣は命令を発布して学生が洋服を着ることを禁じた。この命令はその後少し修正され〔実施まで〕二週間の緩衝期間が設けられたが、二週間後には夏休みになることを踏まえてＫＲは「秋に授業が再開される時に、どなたが学部大臣になるか誰が知ることができようか[19]」と楽観的であった。

このとき、官立学校のほか日本人がつくった学校もあった。ギフォードによれば、「日本海外教育会」は一八九六年四月一六日に漢城で学校を一つつくった。同会の出資者のうち何人かはキリスト者であった。「入学した学生数は五八人で、三つのクラスに分けられた。学生の平均年齢は二三歳で、最少が一〇歳、最長が三八歳である。…学習科目は限りある中国経典、諺文（または韓国語）の作文、日本語、日本語で教授する西洋学などからなっている。そのほか、開講期間が一週間の講座があり、通訳を介して科学や宗教方面のものを教えている。カリキュラムのなかに宗教教育はない。なぜなら学校をつくった教育会は混合的な性質のものだからである。ただし教師はキリスト者で宣教の目的をもっていた」[20]。同校に関するアレンの記録は次のようである。同校の校名は「Keijo Gakko」で「日本語と韓国語ですべての基礎的な科学知識を教えんと努めた」「同校は二通りの一般カリキュラム、すなわち高級クラスと低級クラスがあり、［修業年限は］それぞれ三年である。さらに日本語を教える特殊クラスも一つあり修業年限は一年である。生活費のみを受け取る教師が四人いる。学校の維持費は三〇〇〇銀元（一五〇〇米ドル）で、学生から学費を取らず、教科書や文房具は無料で提供する。優秀な学生には毎月奨学金を支給し、もっとも優れた学生には学校側が経費を負担して日本に送り引き続き勉強させる。学生の在籍数は一八〇人で、通常登校数は一〇〇人である」[21]。

ＫＲの上述した報道より韓国が新式教育を導入してから主に英米や日本の影響を受けたことが読み取れよう。韓国政府の傾向からすると、それはより英米に傾倒したものであった。とりわけアメリカに傾倒しており、米国キリスト教宣教師は韓国の新式教育の重要な参与者であった。

二　プロテスタント系ミッションによる在韓キリスト教教育事業の開拓

プロテスタント系ミッションの韓国における教育事業はその宣教事業の一部分である。よってＫＲのキリスト教教育事業の始まりに関する記録は、まずプロテスタント宣教開拓にまつわる回顧のなかに含まれている。

アメリカ北長老会は真っ先に韓国で宣教事業を開拓したミッションである。KRは一八九二年一二月に「韓国医療奉仕のはじまり」という文章を掲載し、アレン医師を先駆けに切り開いた韓国における同教会の宣教の道のりを述べた。それによると、アレン医師は一八八四年九月に漢城に到着しアメリカ公使館の医師になった。一二月に発生した甲申政変のとき、彼は重傷を負った一人の大臣と多くの負傷した軍人や百姓を治癒していち早く朝鮮宮廷と官民の信任を獲得した。「広恵院」という西洋式病院が一八八五年四月一〇日に通商衙門のすぐそばで開院され、「そこには医学校もつくられた」[22]。この医学校こそプロテスタントが韓国で設立した最初のミッションスクールであろう。それは「適量の機械と人体の骨組を一体もっており、後者の到来は同国の民衆を大いに驚かせた」。そして「医学知識については英語で伝授した」[23]。

アメリカメソジスト教会の在韓宣教一〇周年を記念してスクラントン（Dr. W. B. Scranton）医師は一八九五年に「在韓メソジスト教会史略」という文章を認め、それは一八九八年七月のKRに掲載された。文中には次のように書かれている。韓国における宣教を切り開くためにメソジスト教会は一八八四年まず在日メソジスト伝道会の執事であるマクレイ（Dr. R. S. Maclay）を韓国に派遣して調査を行わせた。マクレイの調査後の意見は「教育と医療からスタートさせたほうがいい。福音伝道の最終目的を隠さなくていい」[24]であった。

そこで一八八五年メソジスト教会より初めて韓国に派遣された二人の宣教師のうち、スクラントン医師は同年九月一〇日に自分の住居で診療所を開き、アペンゼラー（Rev. H. G.

Appenzeller）牧師は彼の学校経営の生活をはじめた。後者のアペンゼラーが提出した「韓国青年にアメリカの教育体制と方法の大切な意義を理解させる目標」が高宗の賞賛を得たのち、彼のつくった学校は時の通商大臣によって「培材学堂」と名付けられた。

KRは韓国キリスト教教育開拓期の最高レベルを代表するこの学校の最初の発展における曲がりくねった道のりを記録した。「同校の予科はアペンゼラー牧師が一八八六年六月に設立したもので、七人の学生が入学した。その後七人の学生は政府によって重要な官職に任ぜられた」[25]。学生の数が急速に増えるにつれて、同校は一八八七年一一月一日に新築の校舎に移った。それはアメリカ側が出資してつくった西洋式の煉瓦造りの建物だった。一八八七年の時「六三人が入学し、平均在学者数は四〇人であった」[26]。その後の入学者数はそれぞれ一八八八年六三人、一八八九年に八二人、一八九〇年に六〇人、一八九一年に五二人、一八九二年に五三人である。一八九三年に学生数は四九人に減少したが、しかし「学堂のキリスト教の印はさらに明確となり、彼らのキリスト教知識に対する明らかな渇望はきわめて鼓舞的な出来事であった」[27]。

一八九四年科挙制度を廃止した後の教育改革は培材学堂に生気を吹き込んだ。同年の学生数は一〇四人に急増し、「新しい政治変化は同該部門に対して特殊な要求を求める可能性があることを示した」。報告によると「学生たちはみな自力で生活している。何人かは学堂に雇われ校舎の世話をし、何人かはミッションの経営する出版局で働き、また何人かの者は文筆活動に携わったり家庭教師をしたりした」。「授業は諺文、漢文、英語の三つの言語で行われた。メソジスト派の教育問答がカリキュラムの中に組み込まれ、現地語で教授された」。「中国の経典は漢文で教授され、それはカリキュラムの顕著な部分を占めた。英文方面に関しては一般知識を施し、古代史、物理、化学、政治経済学、唱歌、聖書などの授業があった」(28)。

ギフォードの培材学堂に関する記録は次のとおりである。「一八九五年三月韓国政府教育部は若干名の学生をこの学校に入学させたいと表明した。その後［両者の協議は］政府が最多二〇〇人まで学校に派遣できるということで一致を見た。その規程によると、学生の学費はもちろんのこと、一部の教師の給与さえも学生五〇人に教師一人の割合で国庫から支払うことになった」(29)。当時「学校は漢文、英文、神学の三つの部に分かれていた。学生は英文部に一〇六人、漢文部に六〇人おり、アペンゼラーの主催する神学部は入学者数が六人だった。漢文部学生の平均年齢は一二歳、英文部は一八歳であった。英文部の教授科目は閲読、文法、作文、スペル、歴史、算数および化学と自然哲学に関する基礎知識であった。漢文部の教授科目は中国経典、シェフィールドの『世界史』(Sheffield's Universal History) および諺文で教えるいくつかの宗教著作があった。学生も教師も必ず礼拝に参加せねばならなかった。学生たちはあるアメリカ公使館警備員の指導のもと体操をしていた」(30)。

培材学堂の教師となったバンカーは一八九六年九月号のＫＲで同校の一八九五年九月から（一八九六年八月まで）の一年間の仕事を紹介した。彼の報告によると、一八九五年度培材学堂の教師の数は「英文部に西洋人二人と韓国人二人がおり、中文部と諺文部には三人の韓国人教師がいた」[31]。

学校の宗教方面について彼は次のように述べる。「リバイバル修会はないが、我々の何人かのもっとも優れた学生の中で絶えずに深思し立志するめでたい兆しがある。幾人かの者はすでに受洗を申し出た。日曜午前の伝道に参加する者が多く、日曜と水曜の夜の伝道も同じ様である。日曜夜の伝道は一人の韓国人キリスト者が主催し、水曜夜の伝道は西洋人が主催している。このように私たちの学生は日曜午後の日曜学校を含め、週に四回の定期的な伝道集会がある。多くの者が四回とも参加している。これらの伝道、および平日午前九時の礼拝堂での礼拝は我が学校の通常の宗教活動を形成している」[32]。

バンカーの統計によると、同年度培材学堂の学生数は、学期初めに英文部が一六〇人、漢文と諺文部が一二二人であり、六月の学期末には英文部一一〇人、漢文と諺文部六五人であった[33]。

アレンの一八九八年の培材学堂に関する記録は次のとおりである。「同校は現在学生が一〇三人いる。去年一八九七年六月の入学者数は一七六人だった。学校は日本と中国の青年も受け入れている」。「アペンゼラー校長が私にくれたカリキュラムから、私は予科の［修業年限が］三年であることを知った。…それから正科大学のカリキュラムであるが、それは二年目までのカリキュラムしか用意されていなかった」[34]。

アメリカ北長老教会のアンダーウッドは一八八五年来韓後、病院［広恵院］の仕事をするほか、一八八六年に「基督教学堂」を開いた。ギフォードの記載によると、同校は最初は孤児院としてスタートし、「英国の有名校の規則と制度を参考にしていた。授業は英文、漢文、諺文で行われた」[35]。ところが、「一八九〇年アンダーウッドがしばらくアメリカに帰った時に学校はモフェット牧師の管理の下で規則と制度に実質的な変化があった」。「その時から学校の教育は漢文と諺文のみで行われ、その性格も孤児院から男児の通う通学兼寄宿学校に変わった」[36]。一八九六年学生数は五五人に達し、ふたんの平均登校者数は四〇人である。カリキュラムは「漢文と諺文の閲読と文章づくりがあり、中国経典の選読とそれに伴う聖書やキリスト教書籍の勉強がある。諺文方面では若干のキリスト教書籍と自然、政治地理、算数、生理学、キリスト教会史、唱歌訓練がある。一人のアメリカ公使館の警備員が体操を教えている」。学校は学生のうち八人に衣食を提供しているが、その提供は一〇〇％ではなく一部分は自分の労働によって得た報酬に頼らざるをえない[37]。

しかし、アレンの一八九八年の記録の中には基督教学堂は入っていない。なぜなら同校は一八九七年北長老教会の決定によって閉校されたからである[38]。

このように韓国における男子キリスト教教育が切り開かれたと同時に女子教育も日程に載せられた。スクラントン夫人（Mrs. M. F. Scranton）はメソジスト教会女子海外伝道会の代表として息子のスクラントン医師一家について漢城に来た。一八八六年六月彼女は住居で後に明成皇后［閔妃のこと］より「梨花」と名付けられる女子学堂を開いた。

スクラントン夫人は一八九六年一月ＫＲに発表した「韓国における女子事業」と題する文章の

なかで韓国でキリスト教女子教育を切り開いたときの艱難な道のりを振り返った。彼女は次のように述べる。

「学校は一人の学生から始まった。彼女はある官員の妾だった。その官員は彼女に英語を学ばせ将来皇后の通訳になることを望んでいた。彼女は私たちのところで三カ月しかいなかった。最初の正式な学生は一八八六年六月にここにやって来た。貧困はその女の子をしてここに来させた原因である。しかしまもなくその女の子の母親は貧乏に苦しんでも子供を外国人に託すまいと考えた。隣人たちは、その母親を悪い女で悪い母である、さもなければ子供を「No Pou In［韓国語の悪人の音読み］」に託すはずがないと罵った。また、最初のころはすごくいいだろう、おいしい食べ物もあるしきれいな服も着れる、しかしまもなく彼女はアメリカに送られるだろう、すると誰が彼女の命運を知ることができようか、とも言い放った。私たちは書面を作って子供が外国に連れ出されることはないと保証した。このことはその母親を少し安心させた。数か月後その母親はやっと安心して子供を通わせるようになった」。

「二人目の学生は流浪児で、病気した彼女の母親とともにスクラントン医師が城壁の端っこから拾ってきたものだった」。

「韓国の人たちはこれらの女の子を密接に注目していた。彼女らが何の不快や虐待を受けていないことが知られるにつれて他の母親たちも少しずつ信用してくれるようになり、私たちが山上の建物に引っ越す時には学校は四名の学生をもつことができた。そして翌年一月には七人の学生をもつようになった」[39]。

ギフォードの一八九六年の梨花学堂に関する記録は次の通りである。「現在教師のなかには一八九三年より学校を主催したペイン（Miss Paine）さんがおり、フレイ（Miss Frey）さんがそのサポータをしている。韓国人の助教は一人の夫人と三人の学生教師である。週に数日はバンカー夫人がきて裁縫や刺繍を、ハルバート夫人がきて声楽を教える。学生は寄宿生四七名と通学生三名からなってる。学生の平均年齢は一二歳で、最少八歳、最長一七歳である。英語と諺文は知識を伝授する際に用いる言語である。基礎的な西洋学知識は英語で教え、いつくかの西洋学と宗教知識は諺文で学ぶ。英文は選択科目であり、約三分の一の女の子がこれを学ぶ。学校の家庭教育はとてもおもしろい」[40]。

アメリカ北長老教会も漢城で女子学校を一ケ所開いた。それはバンカー夫人が一八八八年ごろに設立したものである。ギフォードの一八九六年の同校に関する記録は次のとおりである。「現在の学生数は寄宿学生二八名と通学生一名である。女の子の平均年齢は一二歳で、最少八歳、最長一七歳である。教師はドティー（Miss Doty）さんで、学校を管理している。新しくきたワームボルド（Miss K. C. Wambold）さんも教師陣に加わる予定である。助教は二人の韓国人女性である。そしてストラム（斯特朗）さんが週に二回来校して幼稚園［生］を訓練し、ギフォード夫人も週に二回来校して大きな女の子に旧約の歴史を教えている」。教授言語は今では諺文のみを使用している。[41]

しかしアレンの一八九八年の記録では、これらの学校は「学校というより善堂というべきものだ」と記されている。[42]

三　キリスト教教育の目標と方法に関する議論

宣教師たちは韓国の伝統的な教育方式に対してあまねく厳しく批判する態度をとった。ギフォードのこの方面における評論はとても代表的である。彼は次のようにいう。

「中国の経典を学ぶことは韓国人にとってラテン・ギリシャの古典カリキュラムの西洋の学生におけるそれと同じような教育価値をもっている。難しい言語を身につけようとする努力そのものが一種の精神訓練である。孔孟の著作は倫理の体系としては多くの欠陥がありかつ孝道を重んじすぎる側面もあるが多くの美や真のものも内包している。そして漢文のことばがこれほど深く本土の言語の中に植え付けられているため、韓国人は先に漢文を学ばねば自分の言語をたくみに操ることは難しい。とはいえ、韓国の公共教育はそれでも多く期待できるところがある。一つのシステムの良し悪しを判断する最もいい方法はこのシステムが作り出した最終製品をチェックすることである。では一緒に一般教育を受けた韓国人の状況を見てみよう。彼《［ママ］》は一定した精神智慧と教養を持っている。記憶力はあきらかに良好な訓練を受けている。彼らは確かにすぐれた研磨力をもつ研磨房と例えられるが、しかし研磨するに値するものがない。ある程度において彼らは大人の知力をもっているが、しかし子供がもっているような実知識しかもたない。彼らの人を失望させる一つの特徴は、多くの場合彼らはとても自尊自大でありソクラテスでさえ彼に自分の無知を気付かせることができない。彼はすべての現代事物について色盲であり、彼らは過去とりわけ中国の過去にだけ見つめる。彼らは伝統や先祖が伝え残した習慣の奴隷であり、その思想は寛容で広くもなければ創造性にも欠けている。道徳の面においても欠陥がある。彼らと同様の身分の人と付き合うときには非常に礼儀正しく振る舞う。…しかし…このような態度の中にはほとんど誠心誠意が込められていない。何の留保もせず他の韓国人を信用する韓国人はいったいいるだろうか？　これとは対照的に社会階層が自分より低い人に対してはバラモンのもっているすべての軽蔑をもっている。さらに彼には虚栄心もあり、飢え死になるとしても誠実な肉体労働に従事せんとはしない。彼らの生活信条は彼を利己的な個人主義者に傾かせ、このことは彼の内心に私心のない公共精神や隣人に対する本当の愛の心を受け入れる空間を無くさせた。生まれつきに聡明でありかつ多くの面で造詣が深い韓国人にとって二つのものは彼がとりわけ必要で現在の教育体制が与えることができないものである。その二つとは博い知識観と深い道徳意識である」[43]。

そのため宣教師たちは韓国で西洋教育と接続する教育改革が現われることに肯定的であった。宣教師の言論のなかでキリスト教教育は宣業事業を切り開く入口だけでなく、韓国近代教育の発展を率いる牽引者になるべきともされていた。スクラントン医師は一八九五年培材学堂の将来についで触れたとき「学校は多くのチャンスのなかで韓国のためにクリスチャン世俗教師を養成する巨大なチャンスに恵まれている。この国家はすぐ彼らを必要とするだろう」[44]と述べた。

同じく耶蘇教学堂の目標についてギフォードは「ミッションスクールシステム」を計画する立場に立ち、「学校の目的は強くて有力なキリスト教普通教育を提供することである」[45]という。

宣教師たちはあきらかに彼らの学生たちが韓国の近代化過程のなかで重要な役割を果たすことを望んでいた。たとえば、韓国の最初の鉄道である漢城より済物浦までの鉄道を敷設するときKRの社説は次のように認めている。「それは貿易を後押しする。さらに重要なことはそれは韓国人学生たちに浅薄な西洋知識のみを学んではいけないことを思い知らせるだろう。王立学院や培材学堂には大勢の学生がいる。私たちの知る限り、彼らの望みはただ外国公使館での通訳または韓国政府機関内で書記官になることくらいの程度のものである。漢城と済物浦間の鉄道はこの国家の鉄道のはじまりにすぎない。……もし上述した学校の学生たちがさらに広く深い西洋知識を学習する必要性を見いだすことができないならば私たちは非常に失望するだろう」[46]。

しかしこのとき在華宣教師［中国に派遣された宣教師］たちが、大勢の青年が日清戦争の敗戦のショックを受けて教会になだれ込み西洋知識を勉強する状況に鼓舞され、大いにキリスト教教育規模を拡張し学校経営の水準をアップさせたのに対し、在韓宣教師たちは学生たちの精神的素養を重視した。ケンモア（Alex. Kenmure）は一八九六年二月のKRに載った「教育を論ずる」という文章の中で「中国と韓国においていずれも正しいのは最大の需要は道徳と精神上のものであるということである。しっかりした進歩はこうした基礎の上にのみ建てられる。そして多くの場合こうした基礎は学堂と学院に対する宗教的影響を通じてのみ建立できる。私たちからみるとGodは近年これらの国家に給うた最大の福祉は教育家の大軍である。彼らの目標は主に道徳と精神の更新であり、国家を強くさせる芸術や科学の教育はその次である」[47]と認めた。

バンカー牧師も培材学堂を話すとき、同学堂の学生に対する精神面への影響、すなわちキリスト教化への影響を強調した[48]。

さらに「ネヴィウス宣教法」(Nevius method)の影響を受けて、多くの在韓宣教師は西洋の文化を伝えることに慎重な態度をとり、キリスト教の宣伝や教育の土着化の問題により深く注意を払った。このことは彼らの中にも一部の在華宣教師と同じように英語を教えるべきかどうかのことについて意見の違いがあり、とりわけ現地の教職人員の育成問題において彼らはみな西洋化しすぎることを望まなかったことに表れている。宣教師レイノルズ(W. D. Reynolds)は一八九六年五月のKRに「現地の牧師を論ずる」という文章を発表し、「韓国キリスト教徒の文化と現代文明の進歩に合わせて現地の牧師の教育レベルを高めるべきである。できるだけ彼の[受けた]教育が彼の[牧す]民衆の一般教育レベルを超えるようにし、尊敬と威信を獲得させながら嫉妬や疎外感を引き起こさないようにすべきである」。それに「なにがなんでも宣教の早期には彼をアメリカに送って教育を受けさせてはいけない」[49]と述べている。宣教師のスワーレン(W. L. Swallen)も「現地牧師の訓練」という文章の中で、キリスト教会の牧師訓練方法の変遷史を考察したのちレイノルズと同じ結論に達し、現地キリスト教徒の海外研修に反対している[50]。

事実上、キリスト教教育が韓国の社会の中で生み出した最も革命的な影響は女子教育である。韓国の伝統的な学校システムを考察したとき宣教師たちは韓国には「いかなる女子を教育する学校もない」[51]ことに気付いた。そしてこのような状況は婦女の韓国社会における地位に関係していることに気付いた。ＫＲのある文章は次のように認める。韓国において「女は理論上では男の部下とみなされ、彼女の彼の前での正しい態度とは謙虚で恭順であることだった。女は世から隔離され、知識の訓練を受けられず、ただ習慣上における権利を有するのみであり、法律における保障を受ける権利は有していない」[52]。だから女子教育を行うことは韓国社会の改造に関わることであり、したがって韓国宣教の一つの特別な中心を形成した。正にギフォードが指摘したように「女学校は韓国ではある面においては単なる学校ではない。それは現地周辺の韓国人婦女を引きつける福音伝播中心でもある」[53]。

女子教育の目標はこうした社会改造と関連していた。梨花学堂の教師であるロスワイラー（Louisa C. Rothweiler）は一八八二年三月にＫＲに発表した「私たちは私たちの女子学堂で何を教えるべきか?」という文章の中で、なぜ女子学堂を開くかの問題について次のように指摘した。「つまり欠乏で邪悪で無知の生活から彼女たちを救うことである。…そして私たちは女の子の個人的需要に応えて教えたいが、しかし私たちがそのように教えるとき彼女が将来的に自分の女兄弟の中で無知を減らす要素になることをも願っている」。彼女はさらに指摘する。「私たちは彼女たちにいったい何をしてもらいたいのか?　私たちの回答は真の家庭（true home）を築き維持するパートナー、通学校の教師、私たち寄宿学校の助教および医療機構の看護師や助手になってほしい。つまり、一言でいうと彼女らに彼女らの韓国人の姉妹を助けることのできる能力を身につけさせたいのだ」[54]、と。

おわりに

一九世紀九〇年代は韓国が独立した近代東方国家として積極的に西洋文化の主導下のグローバリゼーションに呼応した特殊な時期であり、プロテスタントが韓国でキリスト教教育事業を開拓した重要な時期でもある。この時、雲や波のように瞬息万変する複雑な国際環境に置かれていた韓国は、教育改革を通して実力を高め勢力均等な国際的平和を維持する状況の中で自身の独立地位を強化せんとした。そのためプロテスタント宣教師に頼ろうとした。

ＫＲが提供する生の資料は韓国の教育改革とキリスト教教育事業の発展ぶりをリアルに見せてくれた。その中からプロテスタント宣教師たちが韓国の教育改革で重要な後押しの役割を果たしたことが見て取れる。それはキリスト教教育の開拓においてだけではなく、韓国自ら行った教育においても表われている。その上、キリスト教女子教育は韓国伝統社会の改造に革命的な影響を与えた。在華宣教師に比べて在韓宣教師は学生たちの精神的素養により多くの力を注いだ。そして「ネヴィウス宣教法」の影響を受けて多くの在韓宣教師は西洋文化の伝播にたいして慎重な態

度をとり、キリスト教の宣教や教育の土着化の問題により多くの注意を払った。〔翻訳：朱海燕〕

注

（1）本稿は、王立誠「『韓国叢報』関於在韓基督教的報道与議論」の抄訳である（訳者注）。

（2）著者はこれに『韓国叢報』という中国語訳をつけている。本稿において［　］内は訳者による補足または説明であることを断っておく（訳者注）。

（3）X, Korean Schools, *The Korean Repository*, Feb. 1892, Vol.1, New York, Paragon Book Reprint Corp., 1964, p.37.

（4）Ibid., pp.37–38.

（5）Ibid., p.38.

（6）Ibid., p.39.

（7）Ibid., pp.39–40.

（8）Daniel L. Gifford, Education in the Capital of Korea I, *The Korean Repository*, Jul. 1896, Vol.3, pp.284–285.

（9）Ibid., p.285.

（10）Ibid., p.285.

(11) Editorial Department, Our Schools, *The Korean Repository*, Oct. 1898, Vol. 5, p.390. ギフォードはこの文章の中で同校は一八九〇年に設立されたと述べる。Daniel L. Gifford, Education in the Capital of Korea I, *The Korean Repository*, Jul. 1896, Vol.3, p.284.

(12) Ibid., p.285.

(13) Ibid., p.286.

(14) Daniel L. Gifford, Education in the Capital of Korea I, *The Korean Repository*, Jul. 1896, Vol.3, p.284.

(15) Daniel L. Gifford, Education in the Capital of Korea I, *The Korean Repository*, Jul. 1896, Vol.3, p.284.

(16) Ibid., pp.281-282.

(17) Editorial Department, Our Schools, *The Korean Repository*, Oct. 1898, Vol.5, p.389.

(18) Editorial Department, The Memorial of the Minister of Education, *The Korean Repository*, Jun. 1896, Vol.3, pp.249-250.

(19) Ibid., p.250.

(20) Daniel L. Gifford, Education in the Capital of Korea II, *The Korean Repository*, Aug. 1896, Vol.3, p.304.

(21) Editorial Department, Our Schools, *The Korean Repository*, Oct. 1898, Vol.5, p.390.

(22) The Beginnings of Medical Work in Korea, *The Korean Repository*, Dec. 1892, Vol.1, pp.356-357.

(23) Daniel L. Gifford, Education in the Capital of Korea II, *The Korean Repository*, Aug. 1896, vol.3,

p.308.

(24) W. B. Scranton, Historical Sketch of the Korea Mission of Methodist Episcopal Church, *The Korean Repository*, Jul. 1898, Vol.5, p.257.

(25) Ibid., p.259.

(26) Ibid., p.259.

(27) Ibid., p.265.

(28) Ibid., p.267.

(29) Daniel L. Gifford, Education in the Capital of Korea II, *The Korean Repository*, Aug. 1896, Vol.3, p.310.

(30) Ibid., pp.310-311.

(31) D. A. Bunker, Pai Chai College, *The Korean Repository*, Sep. 1896, Vol.3, p.361.

(32) Ibid., p.361.

(33) Ibid., p.364.

(34) Editorial Department, Our Schools, *The Korean Repository*, Oct. 1898, Vol.5, p.389.

(35) Daniel L. Gifford, Education in the Capital of Korea II, *The Korean Repository*, Aug. 1896, Vol.3, p.308.

(36) ibid., p.308.

(37) Ibid., pp.308-309.

(38) 王立誠「二〇世紀欧美人在中韓両国辦高等教育的比較研究」『近代中外関係史治要』上海人民出版

社、二〇一二年、二五〇頁を参照。

(39) M. F. Scranton, Woman's Work in Korea, The Korean Repository, Jan. 1896, Vol.3, pp.4-5.

(40) Deniel L. Gifford, Education in the Capital of Korea II, The Korean Repository, Aug. 1896, Vol.3, pp.309-310.

(41) Deniel L. Gifford, Education in the Capital of Korea II, The Korean Repository, Aug. 1896, Vol.3, p.307.

(42) Editorial Department, Our Schools, *The Korean Repository*, Oct. 1898, Vol.5, p.392.

(43) Daniel L. Gifford, Education in the Capital of Korea I, *The Korean Repository*, Jul. 1896, Vol.3, pp.281-282.

(44) W. B. Scranton, Historical Sketch of the Korea Mission of Methodist Episcopal Church, *The Korean Repository*, Jul. 1898, Vol.5, p.268.

(45) Daniel L. Gifford, Education in the Capital of Korea II, *The Korean Repository*, Aug. 1896, Vol.3, p.309.

(46) Editorial Department, Railroad between Seoul and Chemulpo, *The Korean Repository*, Apr. 1896, Vol.3, pp.169-170.

(47) Alex. Kenmure, On Education, *The Korean Repository*, Feb. 1896. Vol.3, p.75.

(48) D. A. Bunker, Pai Chai College, *The Korean Repository*, Sep. 1896. Vol.3, p.362.

(49) W. D. Reynolds, The Native Ministry, *The Korean Repository*, May 1896, Vol.3, pp.200-201.

(50) W. L. Swallen, The Training of A Native Ministry, The Korean Repository, May 1897, Vol. 4,

p.174.

(51) X. Korean Schools, The Korean Repository, Feb. 1892, Vol.1, p.37.

(52) G. H. Jones, The Status of Woman in Korea, The Korean Repository, Jun. 1896, Vol.3, p.223.

(53) Daniel L. Gifford, Education in the Capital of Korea Ⅱ, *The Korean Repository*, Aug. 1896, Vol.3, p.307.

(54) L. C. Rothweller, What Shall We Teath in Our Girls' Shools? The Korean Repository, Mar. 1892, Vol.1, p.89.

第五章　台湾原住民の宣教と社会運動
――タオ族の反核運動を中心に――

中生　勝美

はじめに

筆者は、台湾の先住民の一つであるタオ族（かつての民族名称はヤミ族）を、一九九三年より現在に至るまで断続的に調査をしてきた。一度の滞在は短時間であるが、キリスト教に接したことがない人たちが、どのようにキリスト教を受け入れたのかに関心を持ち、長年調査してきた。彼らは、台湾南端の離れ島、蘭嶼島に居住しており、そこには台湾で唯一の核廃棄物貯蔵場がある。一九九〇年代、台湾の民主化が推進されたころ、この島でも放射性物質を貯蔵する施設をめぐって反対運動が盛んになったのだが、その活動の中心に長老会の牧師がいた。台湾長老会は、戦後の台湾で、国民党の独裁政権に対して人権擁護を主張したので、国家から反政府勢力とみなされ、

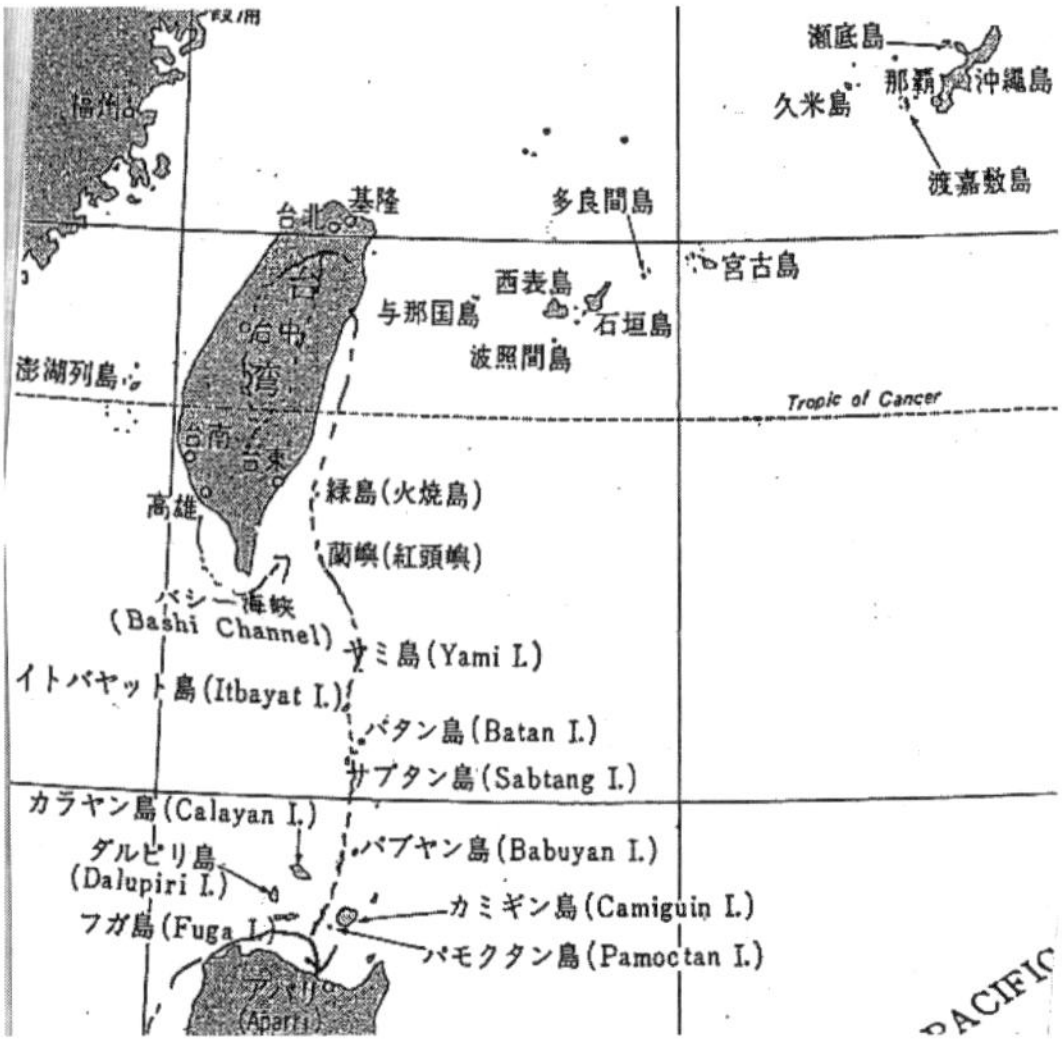
福州
台北
基隆
台中
台湾
台南
台東
高雄
澎湖列島
多良間島
宮古島
与那国島
西表島
石垣島
波照間島
瀬底島
久米島
那覇
沖縄島
渡嘉敷島
Tropic of Cancer
緑島（火焼島）
蘭嶼（紅頭嶼）
バシー海峡
(Bashi Channel)
ヤミ島（Yami I.）
イトバヤット島（Itbayat I.）
バタン島（Batan I.）
サブタン島（Sabtang I.）
カラヤン島（Calayan I.）
ダルピリ島
(Dalupiri I.)
バブヤン島（Babuyan I.）
カミギン島（Camiguin I.）
フガ島（Fuga I.）
パモクタン島（Pamoctan I.）
アパリ
PACIFIC

イララライ
イラヌミルク
イワギヌ湾
イワギヌ
1807
紅頭山
ヤユー
イワタス
イラタイ
イモロル
イモロル湾
大森山
1552

多くの牧師が投獄された。この島の反核運動でも、長老会の伝統が継承されている。本稿では、信仰の空白地帯の住民が、どのように福音に触れてクリスチャンとなり、教会が地域の社会運動の核となっていったのか、そして伝統的生死観とキリスト教の相克について報告したい。通常、本稿では「先住民」を「原住民」と表記するが、それは台湾で先住民を「原住民」と表記し、日本の研究書もそれに準じているからであることをお断りしておきたい。

一　台湾蘭嶼島の概況

タオ族は、台湾本島の東南海上にうかぶ、総面積四八・三平方キロの蘭嶼島に居住している。早くは一八九六年に鳥居龍蔵が調査して民族誌を出版したので、日本の人類学では早くから名前が知られていた。その鳥居がヤミ族と命名したのだが、一九九〇年代になって、「われわれ」を意味する「タオ」を民族名称にする運動が起き、近年は「タオ族（達悟族）」に名称変更した。政府統計にタオ族として登録しているのは約四三〇〇人であるが、蘭嶼島に居住しているのは約三〇〇〇人である。民族の起源は、フィリピン・バタン諸島から黒潮に乗って船で着たという移住伝承がある。

生業は、男性が船で沖に漕ぎ出してする釣りや素潜りをして水中銃で魚をとる漁業と、山の斜面から水を引いて作った畑でできるタロイモや、畑でできるサツマイモ、粟などを主要作物とする農業である。近年では、台湾本島の出稼ぎの影響から、主食は米になっている。

二　キリスト教の受容

戦前の日本統治時代、一般人は原住民地域への立入を制限されていたので、いかなる布教活動も許されなかった。戦後、中国大陸から追放された外国人宣教師を中心に、原住民地域で活発な宣教活動が展開され、集落単位、一族単位での洗礼が広がり、「宣教活動の奇跡」と呼ばれるほど飛躍的に信徒を増やした（林　一九九二：八三）。台湾全土で原住民の人口比率が三％足らずであるにもかかわらず、長老会の教会名簿の半数が原住民地域なので、クリスチャンの比率が高いことが分かる。だから原住民地帯では、住民の八割近くがクリスチャンである集落も少なくない。

日本統治時代の蘭嶼島では、特別な許可証がなければ上陸することができなかった。戦後も、台湾政府は原住民居住区への立入制限をしたので、戦後も隔離状況が続いたが、一九四八年にプロテスタント、一九五四年にカトリックの宣教師が訪れた。プロテスタントは、長老教会の宣教師で、彼らの共通言語の日本語で意思を疎通し、日本語の聖書を用いて福音を説いた。長老会に続いて、一九五四年にスイス国籍のアルフレッド・ギガー（Alfred Giger）神父がカトリックの布教に訪れた。彼は、一九一九年スイス生まれで、一九四五年に神学校を卒業したのち、中国黒龍江省で布教活動を任命されて北京で中国語を学んでいたが、一九五二年に香港へ逃れ、日本に数カ月滞在して日本語を学んだ後、一九五四年台湾にやってきた。台湾は中国語と日本語の両方が使えるので、理想的な布教場所だった[1]。

彼は台湾に到着すると、ただちに台東に移り蘭嶼島の布教を志した。最初は、原住民居住地域に入るために、苦労して許可証を入手し、高雄から蘭嶼島までやってきた。船で最初に着いたのはイムルッドで、その時の駐在所の警官がたまたま黒龍江省出身の外省人だったので、居住や布教などの便宜を図ってもらった。彼は短期間の布教を繰り返して信者を得たが、その警察官がイワヌミルク（東清）に転勤になったので、そこに二番目のカトリック教会を建てた。彼は一九七〇年に台南で交通事故により亡くなるが、現在でも蘭嶼島のカトリック信者に慕われている。彼は、援助物資を原住民に配給するという名目で来島し、メリケン粉、牛乳、古着を分配した。当時、台湾本島から離島への交易や公的扶助がまったく途絶え、本島から運ばれる物資が不足していたので、多くの住民が救助物資を求めて集まったので、その場で聖書を説いた。この時彼は、日本語でコミュニケーションを取り、彼の日本語を長老会の宣教員に翻訳してもらって宣教をしていた（簡　二〇〇四：四三）。

では、タオ族の人々が、未知の宗教であるキリスト教をいかに受け入れたのだろうか。この疑問は、伝道初期に入信した信者の証言、さまざまな儀礼的実践、キリスト教が果たす社会的文脈での分析、およびキリスト教団体がこの島で果たす役割などから総合的に解釈する必要がある。

まず、長老会の原住民宣教史のなかで、タオ族の宣教活動に参加した駱先春牧師[2]の記述から見ていこう。一九五一年五月九日に孫雅各牧師、遠東帰主協会のヒリス（Hillis）牧師、門諾会のエンゲル（Engle）医師の三人が台東に来て、幻灯機を使って家庭礼拝をしていた。そこで台東で活動していた駱先春牧師と相談して、四人で蘭嶼島に渡ろうと政府に申請したが許可されなかったので、独自に船を雇い、幻灯機、薬品、福音書、伝道パンフレットを携えて、緑島経由で蘭嶼島のイワヌミルクに上陸した。五月一五日から山を越えてイムルッド（紅頭）に行き、幻灯機を使いながら「耶蘇生平（キリストの一生）」を上映した。初めて見る幻灯機の上映に多くの人が集まり、その内容に異口同音驚きの声を上げて「Tadoto（天上の人）」と賛美した（台湾基督長老会総会歴史委員会編　二〇〇〇：四五三―四五四）。彼は一九五二年の第四回蘭嶼島渡航のとき、ヘラルド・アンダーソン（Herold Anderson）牧師を同行して、日本語を使って福音を伝えたが、その後はアミ族の牧師を中心に宣教を行っていた（蘇畢娜・那凱蘇蘭主編　二〇一六：三八三―三八六）。

駱先春牧師は、タオ族の人たちの伝統的宗教が、他の民族と大きく異なり、ウナギやカエル、鶏の卵などを食べないことや、タバコを異様に愛し、わずかな現金をはたいて台湾本島で煙草を買っていたと述べている。またキリスト教の布教が良かった点として、双子が生まれた時、一人を遺棄する悪習がなくなったことをあげている。彼が布教に赴いた翌年の一九五二年、イラタイの信者に双子が生まれたが、その後二人とも無事に育てられていたと述べている。駱先春牧師は、台湾本島にもどっても蘭嶼への宣教を気かけ、顔明福を伝道師に任命し、タオ族の信者を台湾本島の講習会や、各地の教会の礼拝に参加させた。そして他の台湾人や外国人の宣教師を同行させたり、時には医療団を帯同したこともあった（台湾基督長老会総会歴史委員会編　二〇〇〇：四五四―四五六）。

では、タオ族の人たちは、どのように伝道活動を受け止めたのだろうか。特に伝道初期の入信者は、何に感銘して洗礼を受けたのだろうか。まず、イラタイ集落の元牧師で、タオ族関連の著作を発表している董森永(3)によると、一九四八年、蘭嶼島に初めてキリスト教の宣教師が来たのが駱先春牧師であったのは間違いない(4)。しかし初回は郷長の招きで、わずか一日の訪問だったので、誰もキリスト教を信じなかった。二回目に来たのは一九五一年で、船で来島しイラタイで布教をして、この時に多くの人が洗礼を受けた。

その後、カトリック神父が布教に来た。彼らは長老教会の後から宣教に入ったので、地元の人々をひきつける手段として衣類や食料を救済品として持ってきたので、長老会で洗礼を受けた信徒もカトリックへ変更する者が現れた。救済品をめぐって、カトリックとプロテスタントの信者同士が喧嘩になったので、話し合って布教目的の救済品を持って来ないようにしたので争いは収まった。長老会の教会は、最初にイララライ（郎島）、続いてヤユ（椰油）、イワヌミルクの順番で作られた。イラタイ（漁人）の教会は、一九五一年一二月二五日に、伝統的な地下家屋を改造して完成したが、当時はクリスマスとはどのようなものかまったく理解できなかった。

布教初期には、タオ族独特の生死観とキリスト教の他界観が対照的なので、そこにタオ族の人たちは惹かれたという証言もある。伝統的なアニト信仰によると、人間の死後、人の魂はzimaranaponshu（中国語では「白砂島」）と呼ばれるアニト（悪霊）が集まる島に往くと考えられていた。[5] しかしキリスト教では、死後、人の魂が天に昇り神の元に帰るという彼らの他界とは真逆の教えであるため、人々は惹きつけられたという。

さらに聖書の福音書で、イエスが言葉によって悪霊を追い出して病気を癒していくところに、タオ族の人々は感動した。[6] 人々が洗礼を受けた動機に、悪霊を追い払って治療をするイエスの力に魅せられたことを挙げられる。タオ族の伝統宗教が、悪霊のアニトをいかに追い出して病気や不幸から免れるのかというのが中心概念であったので、イエスが「悪霊を去れ」という言葉で、病人の体から悪霊を退散させて治療するやり方は、タオ族の理想とする治療法であった。牧師が福音書のイエスの奇跡を説いたとき、タオ族の人々は、伝統的悪霊観からキリスト教を捉えたのである。

アニト払いの儀式とキリスト教について語ってくれたのは、もう一人シャプン・マカナナウ[7]がいる。彼はヤユ生まれで、戦前に学校を終えて警丁（補助警官）をしたことがある。戦後は青年団の団長をしていた。そのころアミ族の伝道師、顔明福が来て、小さい聖書をくれた。その聖書は漢字が交じっていたが振り仮名がついていたので読めた。そこで彼はヨハネ三章一六節から一八節を暗記したら、顔牧師がほめてくれ、三五歳のとき台湾の聖書学校に通わせてくれた。更に玉山神学院で学び、一週間ごとに異なる教会を巡回し日本語の聖書を使って説教をした経験がある。

シャプン・マカナナウは、アニトを追い出す賛美歌があると語った。その賛美歌は、飛び魚を呼ぶ祭りの前に、一人で浜辺に行って「アニトよ出て行け」と追い出す歌と同じものだという。伝道師がアニトを追い出す儀式は、聖書の特別の箇所を読むわけではない。アニトを追い出す賛美歌は、多人数が声を合わせて歌うのではなく、伝道師が一人で歌ってアニトを追い払うものだった。一般に、アニト払いには、椰子の実の皮で作ったよろいやかぶとを身に着け、槍をもっていくが、伝道師は聖書だけを持って行くのだという。

彼は、かつて教会で反迷信活動を説いたことがあり、その実践のため昔墓場だったところに、あえて自分の家屋を建てた。なぜならば、多くの住民が墓地に新しい家を建てることに抵抗感があったので、伝道師が率先して建てた。その後、彼に続いて長老会の信者一四人が、彼の行動に賛同してその近辺に家を建てた。

彼らが、聖書の話を聞いてキリスト教に関心を持ったのは伝統宗教が関連している。タオ族は、死者の悪霊を「アニト」と呼び恐れていた。タオ族は、伝統的にアニトが災いして病気・事故・不幸・老化・死が起きると考えており、神聖な儀式（船の進水式・家屋の落成式など）では、アニト払いの儀礼を行う。初期の伝道では、タオ族の人々にとって、キリストが「アニト」を払う最も強力な神と位置づけていた。

蘭嶼島にやってきた宣教師は台湾人やアミ族だったが、日本語でキリスト教の話をした。最初に洗礼を受けた人々は、日本語が巧みな知識人とみなされた若者で、彼らは一様に戦後の新しい知的活動としてキリスト教を捉えていた。しかし彼らの理解は、かならずしもキリスト教の教義を真に理解していたとは思われず、アニトを追い払う伝統的な宗教観念と渾然一体となった悪魔払いの超人としてキリストを受け入れたようだ。プロテスタントの信者は、まず蘭嶼島で洗礼を受けた若者を選んで台東で伝道師として訓練し、その次の世代は花蓮の神学院に進学させて、正式の神学教育を受けて牧会をするようになった。

花蓮の神学院を卒業し、台南の神学校で修士課程を終えた張海嶼牧師は、蘭嶼島に帰ってから年配の信者が、アニト信仰と渾然一体となっているキリスト教思想を矯正するのに、大変苦労したと話していた。後述するように、病気や老化をアニトに原因があると考える信者もいるので、蘭嶼島における初期のキリスト教の受容が伝統宗教と融合していたことが窺える。

台湾の原住民の中には、戦時中に台湾総督府から厳しい「皇民化教育」を受けて、強度の精神的緊張を強いられ、戦後になってその精神的空虚さを埋めるためにキリスト教を受け入れたという証言もある。タオ族にも、高砂義勇隊に招集された者がおり、教育勅語や軍人勅諭を暗誦できる老人もいて、「皇民化運動」が蘭嶼島でも強力に展開されていたことを推測できる。台湾の他の地域での原住民は、日本統治時代の厳しい同化政策と皇民化運動で、日本への忠誠心を叩き込まれたため、終戦による日本帝国の瓦解は、精神的空虚感を生み出した。タオ族の老人にも、日本時代に厳しい教育を受けたが、日本帝国の喪失がキリスト教を受け入れる基礎になったかどうか、タウ族の場合は明確な証言をする人はいなかった。初期の受洗者に高砂義勇隊で訓練を受けた者も含まれているが、タオ族はたして「大和魂」の代替としてキリスト教を受け入れたか否かは、タオ族では確認できなかった。

三　プロテスタントとカトリックの競合と対立

蘭嶼島の六つの集落には、いずれも二つ、あるいは三つの教会がある。二つの教会とは、どのような小規模な集落でも、プロテスタントとカトリックがひとつずつ教会を持っているからだ。三つ教会のある集落はヤユだけれども、ここでは長老派の教会の牧師が、結婚してできた二人の息子のために、もう一つ教会を作ったので、プロテスタントの教会が二つに増えてしまったからだ。タオ族の間で、プロテスタントとカトリックの信仰に明確な区別があるようには思われない。プロテスタントとカトリックの信者の間で特別な反目があるわけではなく、夫婦、親子で所属する教会が異なることもよくある。

カトリックは、台東から毎月一回から三回、外国人神父がやってきて、教会で説教をしている。基本的に各集落に教会はあるが、神父が常住してはおらず、神父が来島できないときは、信徒の伝道師が神父の助手的役割をしている。カトリックの信徒も、毎日曜日に教会へ集まって礼拝をしているが、集落の長老が礼拝を主宰し、かならずしも神学が説くとおりの説教をしているわけではない。カトリックは、神父が信者を導き、マリアやキリストとのとりなしをする役目を担い、聖書を読むのも神父のみで、信者が聖書を直接読むことはなかった。

プロテスタントの側からカトリックの信者を見ると、バチカンを頂点とするカトリックは、神父の権限が非常に大きく、プロテスタントのように信者一人一人が聖書を読むことをしないので、月に数回の神父からの説教では聖書理解が自己流になり、タオ族の伝統的な宗教理解をしていると思われている。カトリックは悪霊のアニト払いの習慣についても寛容であり、さらに教会でタバコを配布するような、長老会の教会では見られないほど現状の生活習慣に干渉していない(8)。

この島でのカトリックとプロテスタントの大きな違いは、カトリックの信者は、神父は結婚が許されないため、信者が子供を神父にさせたがらない。だから未だに外国人神父、あるいは台湾人神父が台湾本島から来島してくることである。そこで地元に根を下ろした布教ができず、結果的に伝統的な習慣に寛容な傾向を強めている。カトリックが地元の習慣に干渉しないのは、カトリックの教義が厳格であるため、逆に現地の伝統文化との摩擦を回避して干渉できない結果として寛容になっているようである。

しかし、カトリックは、原則として離婚を禁止している。タオ族は、伝統的な観念から離婚が比較的多いので、この点の矛盾をどのように対応するのか難しい。離婚は、夫婦喧嘩が絶えないとか、病気などで夫婦生活ができないという原因以外に、タオ族独特の伝統が関係している。タオ族は、テクノニミーの制度が非常に発達していて、子供が生まれると、上の世代はすべて名前を変えるので、子供の出生がかれらの社会生活の中で非常に重要な転機になっている。だから結婚しても、子供が生まれない場合、双方の家長が干渉して、その夫婦を離婚させたり、夫婦が協議して離婚したりすることが伝統習慣として存在している。カトリック教会は、こうした伝統習慣にたいして寛容な態度をとっているものの、教義と伝統に矛盾を抱えていると自覚している（席萳・嘉斐弄　二〇〇九：三七七―三八〇）。タオ族は、最初に宣教に来た長老会が多くの信者を得たが、ギガー神父が救済品を携えて宣教に来ると、長老会からカトリックに改宗する信者が増加し、彼が交通事故で亡くなると、また長老会へ改宗するなど、カトリックとプロテスタントの間の改宗が、それほど困難ではない。カトリックが伝統的な離婚に対して、それほど厳格な態度が取れないのも、離婚を禁ずるとプロテスタントに改宗してしまう可能性があるからという理由も考えられる。

長老会や真耶蘇教会などプロテスタントは、信者の子供を花蓮玉山神学院へ送り、寄宿舎に入れて正式に牧師の教育を受けて蘭嶼島へ戻り、正式の牧師資格を修得させて教会活動をしている。宣教初期の信者は、聖書をかなり自己流に解釈して、伝統宗教に対して寛容あるいは伝統宗教を許容していたが、花蓮玉山神学院で神学を修め、正式な資格をえて帰ってきた牧師は、信者の信仰にある伝統宗教的な要素を徐々に排除する努力をした(9)。前述したように、カトリックは伝統文化に寛容であることと、ギガー神父以外は、現地に常駐する神父が不在で、神父が来島しないときは、伝道師が礼拝を取り仕切ることになっているので、信仰を深めたいと願い信者は、カトリックから長老会に改宗する者が現れている。

そのプロテスタントの側も、一九八六年にバプテスト教会に参加した信者が一九八六年にはヤユに教会を建て、またアッセンブリーズ・オブ・ゴッド（神召会）も一〇〇人近く信者がいて、伝統宗教をキリスト教の教義に反するとして一切の伝統行事を否定するなど、プロテスタントも信者も分裂している（席萳・嘉斐弄　二〇〇九：二八六）。

四　核廃棄物貯蔵場撤去運動と教会

蘭嶼島では、一九八二に核廃棄物貯蔵場が建設され、一九九五年に大規模な反対運動が起きるまで、台湾本島の原子力実験施設や原子力発電所から出た核廃棄物が搬入されてきた。この反対運動は、マスコミを通じて台湾の内外に広く知られた。反対運動は、キリスト教の諸団体が中心となり、海外からも支援を受けて展開されてきた。現在、移転を前提に住民と台湾電力会社は同意したが、いまだに移転先は決定されていない。

戦前の日本統治時代、台湾総督府は原住民の居住地を「蕃地」として外来者の立ち入りを厳しく制限する一方で、原住民に土地所有権を保有する権利能力を認めなかった。戦後、中華民国政府になっても、戦前の台湾総督府の政策を継承し、蘭嶼島の土地を、居住地に限って所有権を認め、耕作地は占有権を認めるだけだった。その結果、宅地以外の土地のすべてが国有地になった。そして蘭嶼島には軍隊が駐留し、また政治犯、犯罪者を軍隊の雑用係として使役したので、彼らを収容する施設が作られた。一九七〇年代になって、軍隊が台湾本島に撤退し、軍隊が使用していた港、農地は使用されなくなった。そこで、跡地利用の名目で台湾電力が軍隊の跡地を借り受け、一九八二年から核廃棄物貯蔵場の運営を始めた。

台湾では一九四九年から戒厳令が施行され、一九八七年に解除されるまで続いた。戒厳令時代に、国民党の独裁体制下で、事前の情報開示や現地説明会もなく、強権的に核廃棄物貯蔵場が建設された。台湾は、核エネルギー関係の国際条約に加入していないため、核廃棄物貯蔵場が建設された当初は、一定期間を経過した後、海に核廃棄を投棄して処分する計画であったが、一九九〇年代に核廃棄物の海洋投棄が国際的に禁止されたため、当初の計画が実施できなくなった。

一九九〇年代に入り、台湾では政治的な民主化が進んで、蘭嶼島でも台湾本島で大学教育を受けたシャマン・ラブガン、長老教会の牧師である張海嶼、郭建平などを中心に、核廃棄物貯蔵場への反対運動が高まり、一九九五年には実力行使で廃棄物持込を中止させるまでに至った。特に長老会は、戒厳令時代に人権保護を求めて強烈な反政府活動をした牧師の逮捕者が続出していたので、その伝統が戒厳令解除後も残り、蘭嶼島での反対運動の中核となった。

台湾電力が核廃棄物貯蔵場を設置している土地は、蘭嶼郷からのリース契約になっているが、反対運動によってリース契約の延長が拒否されたので、二〇〇五年から契約が切れ、現在も土地リース契約が更新されない状態が続いている。一九九六年以降は台湾本島から新たに核廃棄物が搬入されなくなった。そこで貯蔵場は最低限のメインテナンスしか行われておらず、広報活動には多大な費用を掛けるものの、コンクリート壁の補強も最小限、核廃棄物をつめたドラム缶の管理はさびが出るなど杜撰なものになっている。

施設の反対運動を始めたのが長老会の牧師だった。特に、張海嶼は核廃棄物貯蔵場の建設中から反対の意思を持っていたのだが、戒厳令下で、反対運動を起こすと逮捕されるため、家族のことを考えて具体的行動は起こせなかった。しかし戒厳令が解除されると、率先して反対運動を起こすため信徒を組織した。その時、彼が島民に説いたのは、核廃棄物が「アニト（悪魔）」であるというレトリックである。核廃棄物や放射性物質の危険性を一般の人々、特に老人に説明することは困難だった。そこで「核廃棄物はアニトだ」というレトリックを使い、核廃棄物を追い出そうというスローガンは、多くの人々の動員に効果的な戦略だった。

この反対運動がキリスト教のネットワークで世界に発信されたことも、彼らの運動を後押ししている。一九九五年に台湾電力が、新たな核廃棄物を蘭嶼島に持ち込まないと合意したのは、国連が採択した一九九三年の国際先住民年の影響で、台湾の先住民地帯に核廃棄物が貯蔵されている問題が取り上げられ、国際的に注目が集まったことが台湾政府を動かしたと言われており、そうした世論形成の背景にキリスト教ネットワークがあった。

五　老人介護の活動と伝統宗教

次に、この島で老人介護を組織した女性、張淑蘭の活動から、伝統宗教とキリスト教の関係を紹介したい[10]。彼女は台湾本島の看護専門学校に進学して看護婦の資格を取得し、一九九〇年代に島に帰って衛生所の保健婦として就職した。彼女は、イワヌミルク出身で熱心なプロテスタント信者である。

彼女は、保健婦として巡回看護を担当し、老人の検診をしていた。この時、タオ族の伝統宗教観念により、病気・死の原因がアニトに取りつかれたからと考えていたので、子供や孫と同居していても、寝起きができない老人に家族が近づかず、そのまま放置されている状態に、彼女はショックを受けた。彼女はそうした老人たちを八ミリビデオで撮影し、その後ドキュメンタリーにまとめた。その作品「面對悪霊」（悪霊に立ち向かう）には、電気のない真っ暗な部屋に、裸で布団にくるまった老女であるとか、目の見えなくなった老人が、手探りで与えられたお粥を食べているシーンなどもあった。

彼女は、自分が所属している教会の婦人会の女性に、彼女が仕事で接した老人の悲惨な状況を話して、何とかして放置されている老人の介護ができないかと提案し、婦人会が率先して身体をタオルで拭いたり、食事を届けたりするボランティア活動を始めた。

老人たちも、アニトが子や孫に取り付いてはいけないと、本人が家族を近づけさせない場合もあった。また、他人が自分の親の世話をすると、親の世話を放棄しているように見られることを気にして、ボランティア活動を断る人たちもいた。

このボランティア活動を教会で組織されたことが重要である。本来こうした伝統的観念は彼らが共通して持っているのだが、アニトへの怖さよりもキリスト教の信仰の方が強いと信じる人たちが、信仰の実践から自分の親族ではない老人の世話をしようとしたところに意義がある。ドキュメンタリーの中で、若い女性が、夫から他人の老人の世話を嫌がっているが、自分は神の力を信じて、信仰の実践として老人を介護するボランティアに参加していると告白する場面がある。

前述したように、「アニトを追い払う力を持ったキリスト」という理解でキリスト教徒になった人たちが多かったので、アニトへの恐れという根本観念は否定されたわけではなかった。老人の面倒を見ない人たちは、クリスチャンではない家庭もあるが、子供たちを自分に近づけさせない老人は、初期の洗礼者なども いた。そこで、自分が病気と老いに苦しむことがアニトによって引き起こされているという考えと、キリスト教の信仰とは、彼らの中で矛盾しなかった。

張淑蘭を中心としたイワヌミルク教会の婦人部会の人たちの活動は、徐々にほかの集落の教会の婦人部会の人たちへ広がり、彼女はついに島の衛生所の保健婦の仕事をやめて、「関懐之家」(ケアハウス)というNGOを組織して、政府や民間の財団の助成金を受け、老人の介護活動に専念した。現在では、この島の高齢化率が高まり、かつ若い人が台湾本島の学校に進学して、そのまま台湾本島で仕事に就くため、介護する人がいない独居老人が増加している。老人介護は地域社会にとって重要な課題となっており、ＮＧＯはデイケアのための専用の建物を補助金や寄付金で建築し、ヘルパー研修や独居老人への弁当デリバリーなど活動範囲を広げている。このＮＧＯを支えているボランティアやヘルパーも、基本的に教会の婦人会であることが印象的である。

おわりに

タオ族がキリスト教を受け入れた動機は、伝統的宗教であるアニトへの恐れが背景にある。その後、政治犯監獄の誘致、一九七〇年代の台湾人立ち入り解除による観光化、核廃棄物貯蔵場の建設と全島の電化など、タオ族の生活環境は急速に変化した。現在の各教会の悩みは、若者を教会にひきつけられなくなり、信者の高齢化が進んでいることである。幼少の頃より教会に連れられてきて、成人になっても継続して教会の活動になる信者も多いが、進学や就職で島を離れると、徐々に教会から遠のき、島に帰ってきても教会には戻らない若者が多くなっている。しかし、一九九〇年代の戒厳令解除による民主化の推進により、核廃棄物処理工場反対の住民運動、国立公園計画反対の住民運動、老人のデイケアや終末の家などのボランティアなど、社会の新しい動きにつれて、教会も新たな役割を見つけ、新しい活動に積極的な役割を果たしている。

かつて台湾総督府時代には、原住民地帯で、集落や一族のリーダーを、理蕃課（原住民地帯の警察）の仕事をさせるために「頭目」として任命していた。パイワン族、ツォウ族、タイヤル族などは、社会組織上リーダーが存在し、彼らを「頭目」という職種に任命して間接的に利用した。タオ族には伝統的なリーダーが存在しなかったので、形式的に任命したにすぎなかった。このように「頭目」の有無によって、社会組織の在り方は、大きく異なった。政治的指導者が伝統社会に存在するか否かは、地方選挙などで違いが見えてくる。蘭嶼郷での議員や郷長選挙では、これまで往々にして汚職にまみれた選挙になり、議員・郷長経験者は、汚職で辞任に追い込まれるか、退任後逮捕されている人もいる。

タオ族は「頭目」が存在しない社会なので、人々の間で平等の意識が強いためか、目立つ行為は非難される傾向にある。例えば、地元ラジオに母語の話者として出演すると、「発音が変だ」とか「言葉の語順がちがう」など非難にさらされる。これは、平等社会を志向する価値観が、何か他人と異なって目立つ行動があれば、非難の対象となりやすく、政治的リーダーシップをとろうとする人々に対して、基本的に否定的な態度を示すことにつながっている。

しかし、彼らが例外的に指導力を受け入れるのは、長老会の牧師である。信者が牧師の権威を認めるのは、彼らが台湾本島で正式の神学の教育を受けて牧会の資格を取得し、信仰の指導者と認識しているからである。前述したように、カトリックの神父も、プロテスタントの牧師と同様の神学的素養と、台湾本島や海外とのネットワークを有している。しかし神父は結婚できないため、タオ族のカトリック信者からは神父を輩出しておらず、島に常駐する神父はいないため、地元の日常生活で神父はあまり影響力がない。そのためか、住民運動で指導権を取るのは長老会の牧師である。

長老会の反政府活動は、戦後台湾の歴史と関係が深い。戒厳令時代に国民党政府は長老会の牧師を逮捕したので、長老会は反政府活動の伝統がある。蘭嶼島で、戒厳令下に逮捕された牧師はいないが、彼らが神学校にいたとき、教師である牧師の反政府の思想と行動に影響を受けたことが、住民運動に影響している。そして、牧師は島外との太いネットワークを持っているので、島民に対する人権侵害や反核運動を訴える上で、効果的な支援を受けている(11)。

一般に、台湾本島での経験を積んだ牧師たちは、現金経済に慣れ、収入を貯蓄し、観光客相手の小商店や民宿を経営して自宅を新築し、社会変化に適応した生活を送っている。一九七〇年代から、この島では交換経済から貨幣経済に移行する社会変化が進んだが、その変化を台湾本島で先んじて経験した牧師は、島民を導くことができた。牧師は、個人的に教会収入から蓄財することを自戒しており、彼らは小規模な売店を経営するか、民宿をする程度で、基本的に清貧の生活を守っている。教会組織が弱者のセーフティネットとして機能していることは、キリスト教が新しい状況に適応して存在感をもち、かつタオ族の社会で信頼を得ることになっている。

蘭嶼島の牧師たちは、核廃棄物貯蔵場に徹底して反対しており、台湾電力の買収工作にはのらない。彼らは核廃棄物貯蔵場こそ現代の「アニト」だといい、神からさずかった天と大地を守るために戦うと宣言している。

国家権力に対抗するためにも、運動を組織するリーダーは不可欠である。教会組織は島内の組織力と台湾本島・海外へのネットワークにより、「国家に対抗するコミュニティ」として、教会共同体が重要な役割を果たしている。戦後、福音が蘭嶼島に伝わり、アニトを払う力強い神としてキリストが受けとめられたのだが、その後大きく社会状況が変化する中で、少数民族の人権と尊厳をまもるセーフティネットとして、現在でも大きな働きをしている。

参考文献

〈日本語〉


「ポンソ・ノ・タオ　台湾蘭嶼の民族と文化」『自然と文化』七三号、二〇〇三年。

高俊明ほか（一九八二）『台湾基督長老会説教集』、東京、教文社。

中生勝美（一九九四ａ）「台湾蘭嶼島ヤミ族の文化変容」『宮城学院キリスト教文化研究所紀要』一七号、一―二三。

中生勝美（一九九四ｂ）「台湾ヤミ族の調査記録」『沖縄研究ノート』（宮城学院キリスト教文化研究所）第三号、二八―三八。

中生勝美（二〇〇九）「八重山の明和大津波と台湾離島の影響」『現代史研究』五号、三七―五二。

中生勝美（二〇一一）「蘭嶼島 津波の島に蓄積される核廃棄物」『世界』no.812、一九四―二〇二。

中生勝美（二〇一二）「低レベル放射性物質と東シナ海の津波：台湾離島の核廃棄物貯蔵場」桜美林大学

国際学研究所編『東日本大震災と知の役割』、東京、勁草書房、二二八―二四一。

中生勝美（二〇一三a）「石垣島における明和の大津波の研究動向」『南島文化』三五号、九七―一一一。

中生勝美（二〇一三b）「核廃棄物貯蔵場・蘭嶼島のホットスポット：原子力と差別の構図」『世界』no.844、二三八―二四六。

中生ゼミ（一九九八）『台湾蘭嶼島調査報告』私家版。

中生ゼミ（一九九九）『台湾蘭嶼島調査報告』私家版。

台北帝国大学言語学研究室編（一九六七（一九三五））『原語による台湾高砂族伝説集』、東京、刀江書院。

田中雅一（二〇〇九）「宗教学は誘惑する」『宗教研究』三五九号、八六三―八八三。

山形孝夫（一九七六）『聖書の起源』、東京、講談社。


〈中国語〉

陳玉美（二〇〇一）『台東県史：雅美族編』、台東、台東県政府編印。

顧景怡（二〇〇五）『選択生命被看見：拍紀録片的護士』、台北、天下雑誌股份公司。

簡鴻模主編（二〇〇四）『当達悟遇上基督』、台北、輔仁大学出版社。

林素珍（一九九二）「台湾長老教会對台湾原住民宣教之研究」東海大学歴史学研究所碩士論文。

劉欣怡（二〇〇七）『蘭嶼達悟族　老人照護関係』、台北、稲郷出版社。

劉斌雄（一九五九）「蘭嶼雅美族喪葬的一例」『中央研究院民族研究所集刊』八期、一四三―一八三。

簡鴻模等（二〇〇四）『當達悟遇上基督』、台北、輔仁大学出版社。

Syaman macinanao（謝永泉）（二〇〇四）『蘭嶼之父　紀守常神父』、台東、蘭嶼天主教文化研究発展協会。

蘇畢娜・那凱蘇蘭主編（二〇一六）『台湾基督長老教会原住民宣教史』、台北、使徒出版社有限公司。

台湾基督長老教会総会　研究与発展中心（二〇〇一）『達悟族群宣教研究方案　第一、二段階報告書』、台北、台湾基督長老教会総会。

台湾基督長老教会総会歴史委員会編（二〇〇〇（一九六五））『台湾基督長老会百年史』、台北、台湾基督長老教会。

丁達偉・詹嫦慧・孫大川（二〇〇五）『活力教会：天主教財台湾原住民世界的過去現在未来』、台北、光啓書号。

衛惠林、劉斌雄共著（一九六二）『蘭嶼雅美族的社會組織』、台北、中央研究院民族学研究所。

席南・嘉斐弄（二〇〇九）『達悟族宗教変遷与民族発展』、台北、南天書局。

席南・嘉斐弄編（二〇一〇）『達悟之父：紀守常影像集』、台北、南天書局。


〈DVD〉

ドキュメンタリー「面對悪霊」（二〇〇一）。

注

（1）アルフレッド・ギガー牧師の足跡は、伝記（Syaman macinanao（謝永泉）二〇〇四）と写真集（席萳・嘉斐弄編　二〇一〇）にまとめられている。

（2）駱先春は、一九四七年に花蓮で聖書学校が設立されたと聞いて、淡水中学の教員を辞職してアミ族の伝道のため赴任した。彼は、まず言語を学び、長老教会と一〇〇か所以上の集会場で伝道をしてきて、賛美歌の書籍一冊、その他の書籍を出版した（台湾基督長老会総会歴史委員会編　二〇〇〇：三六九）。

（3）一九四六年漁人で出生。父母もクリスチャン。一九六二年から六年間花蓮の神学校で教育を受け、蘭嶼島に資格を得た牧師として帰郷した。

（4）董森永は駱先春牧師をアミ族と認識していたが、上記の通り、駱先春牧師はアミ族の社会で伝道をしていた台湾人であった。

（5）このアニトが集まる島について、dzikalapalian または malavang a pongso と表記し、白島を指しているという記述もある。筆者がフィールドで収集したデータは、この文献と発音表記が異なるが、蘭嶼島も集落ごとで微妙に発音が異なるので、その違いではないだろうか。許崇銘「達悟族 anito 信仰」台湾大百科全書、文化部台湾知識的骨幹、http://nrch.culture.tw/twpedia.aspx/id=11125、二〇一九年四月三日閲覧。

（6）ブヌン族の宣教の時も、やはりイエスが偉大な力を発揮して悪魔を追い払って病気を治したことに大変興奮し、こうした力を得たいと願ってキリスト教に入信したのだという（台湾基督長老会総会歴史委員会編　二〇〇〇：四〇二）。

（7）中国名は李施炎。一九二五年出生、二〇〇七年に調査した時は八二歳だった。

（8）アミ族の伝道報告でも、カトリックは飲酒についても寛容であるため、長老会の信者も、酒が好きであるからカトリックに改宗した者もいた（台湾基督長老会総会歴史委員会編　二〇〇〇：三八八）。タオ族は、伝統的に酒を醸造する技術をもたないため、初期の信者では、飲酒の許容でカトリックへ改宗することはなかった。しかしタオ族も一九七〇年代から台湾本島への出稼ぎが盛んとなり、台湾本島で酒の味を覚えて帰った者が多くなったため、現在では飲酒の許容が、カトリックへの誘因の一つになっている。

（9）　張海嶼牧師は、「迷信にまみれた信仰を洗い流す」と表現した。

（10）　彼女の活動は、ノンフィクションにまとめられている（劉欣怡　二〇〇七）。

（11）　一九九〇年代後半には、インターネットで「Orchard Island」と検索すると、島外の十数個の団体が、彼らの運動を支持する英文ホームページを開設していた。現在は、観光客の書き込みが多くなっているが、一部で核廃棄物貯蔵場への反対メッセージのあるＨＰも健在である。

第六章　旧満州国における日本の宗教活動について
――「アジア平和研究会」による現地調査報告とケーススタディーとしてのバプテスト派による宣教師派遣――

金丸　英子

はじめに

二〇〇八年、西南学院大学の有志の教員たちは、「アジア平和研究会」という共同研究組織を立ち上げた。「東アジアの平和が脅威に晒されている」、「中国の安寧抜きに東アジアの平和はあり得ない」との研究者としての共通認識があったためである。この研究会は、中国東北部に焦点を当て、研究を通して地域の平和を脅かす種々の要因を掘り起こすと共に、問題解決の糸口を模索し、東アジアと日本、特に九州との間の連帯意識を構築するという高い志を掲げて歩み出した。

研究会は、「思想とことば」部会、「法と経済」部会、「人と生活」部会と言う三つの部会を設け、それぞれの専門分野に沿って研究活動を始めた。私は「思想とことば」部会の中の「歴史・宗教グループ」に参加した。本日の発表は、「歴史・宗教グループ」が行った二〇一一年、一二年の二回の現地調査を紹介し、それを通して気づいた今後の平和構築の課題に触れる。また、ケーススタディーとして、一九三〇年代末から四〇年代初頭、日本のバプテスト派（バプテスト西部組合、現日本バプテスト連盟の前身。以後、バプテスト西部組合）が満州国へ派遣した宣教師とその活動を紹介し、当時の日本のバプテスト派の満州伝道に対する認識と姿勢について述べる。

一　旧満州国におけるキリスト教伝道の概要：文献学習と講演から

「歴史・宗教グループ」は、昨今、地域の平和を脅かしている要因の掘り起こし、その問題解決の糸口の模索、ならびに東アジアと日本の間の連帯意識の構築の必要性を認識していた。同時に、それらは過去の歴史認識抜きには有り得ないという共通理解も持っていた。このグループのメンバー全員が神学部の教員であったが、当時の旧満州国における諸宗教の活動、特に、キリスト教活動に関心を持った。

しかしながら、そもそも旧満州国における宗教事情全般に関する基礎知識が乏しかった。そのため、まず文献による勉強会から研究活動を始めた。手探り状態で文献を探す中で、旧満州国のキリスト教とその活動に関しては、韓晳曦（ハン・ソッキ）氏の研究から多くを学び、当時の現地におけるプロテスタントのキリスト教諸派の活動の概要をつかむことができた[1]。更にこの学習会を重ねる内に、外部から専門の研究者を招き、学びを深めたいとの願いが強くなって行った。その結果、二〇一〇年、一二年の二回、毎年一名の研究者をアジア平和研究会主催の講演会講師として招くことができた。

このグループが学習会と講演を通して学んだ旧満州国のキリスト教活動に関する概容をまとめると、次のようになる。日本のプロテスタント諸教派の旧満州国伝道に対する関心は、満州事変勃発（一九三一年）と同時に高まりを見せ始めた。当初は、現地の事態沈静化の思惑もあり、戦争反対論、戦争肯定論、そのどちらにも立たない中立論など、多様な論調が混在していた。しかし満州国建国後はこの状況は次第に後退し、多くの教派は一斉に満州国建国を伝道の好機と捉え、宣教師・伝道師の派遣を計画し、それを教派の主要な伝道政策として掲げるようになった。ここには、荒井英子も述べるように、当時のプロテスタント諸教派の多くには「日本の帝国主義的支配に呻吟する現地の人々への状況」への理解が低く、自らが国策に沿って活動する加害者であるとの認識は少なかったと言える[2]。

しかし同時に、キリスト教伝道の熱意と、当時の天皇制国家への素朴な崇敬も混在していたことは事実である。このように複雑に入り組んだこのような意識下で行われたキリスト教伝道は、時に、現地の人々、特に抗日戦線を戦う人々から、日本帝国主義の手先、キリスト教伝道を口実に現地の人々に接近し、思想を探る者たちと見られる事が多かったという[3]。

このような日本国内の満州伝道への関心は、満州伝道会の創設に象徴的に表れていると言える。満州伝道会は、日本キリスト教史初の国外伝道組織とも呼ばれ、満州人、中華民国人への伝道を目的として、満州国建国の翌年、東京・富士見町教会の有志によって発議・結成された。中心人物は、陸軍少将で富士見町教会員でもあった日疋信亮（一八五八～一九四〇）で、天皇制国家への忠誠と共に、満州国のキリスト教伝道に熱意を注ぎ込んでこの団体の立ち上げに尽力した。その後、この団体は活動地域を台湾、東南アジアにまで広げ、名称も「東亜伝道会」と改称し、日本人による海外伝道を目指した。(4) バプテスト西部組合の旧満州国への宣教師派遣は、この団体との関係抜きには成立しなかった。

二　現地調査へ出かける

以上のような事前学習を経て、「歴史・宗教グループ」メンバーは二度の現地調査を行った。主目的は、文化大革命前までのキリスト教活動の様子を知る歴史資料の発掘であった。具体的には、キリスト教会を訪問し、そこでのインタビューとその教会が所有する資料の収集、ならびに市内の史跡の見学を通して、日本の軍国主義支配が旧満州国に残した爪痕に直に触れる調査旅行を計画した。第一回目は二〇一一年八月二九日から四日間、大連と瀋陽で旧満州国時代の史跡を見学し、と教会を訪問した。第二回目は二〇一二年八月三一日から五日間、旧満州国のかつての首都である長春（新京）で、教会訪問、史跡訪問、キリスト教を含む宗教施設の見学を行った。その後、同年一一月、日本国内の現地調査として、山口県下関市の赤間神宮境内にある大連神社の訪問を行った。

（一）第一回目（大連・瀋陽）

大連市では、市内中心部に位置するイングランド国教会の流れを汲む教会を訪問した。その教会の副牧師に文化大革命以前の教会の様子についてインタビューしたが、当時の歴史についてはほとんど知らないとのことであった。当時の関係資料の所在についても同様の返事であった。理由は、文化大革命によって教会が破壊され、資料も紛失・散逸したためだという。

このような結果は、瀋陽市の教会訪問でも同様であった。訪問したのはスコットランド合同長老派に起源を持つ教会であったが、「神学校にならら何かあるかもしれない」との助言を得、瀋陽市内にあるという神学校の訪問を試みた。この神学校は、一九世紀にスコットランド長老協会によって開校した神学教育機関である。しかし、その神学校は移転していたばかりか、その他、様々な理由から訪問自体が実現に至らなかった。

このように我々は、現地調査の目的を十分に果たすことができなかった。また、インタビューした教会の牧師たちは口を揃えて、「我々も中国のキリスト教の歴史は知らない。外国人研究者によって明らかにされることが多く、自分たちもそこから学ぶことがある」と言う。しかしこれについては、二〇一七年秋に来福した長老派の中国人神学者（王民氏）から次のような情報を得た。それによれば、地域の教会レベルで文化大革命前の歴史継承と関係資料の所在が確認できないのは当然と言えるが、それは中国国内にキリスト教関係資料が存在しないということではない。実際には、それなりの博物館に関係資料は所蔵されているとのことであった。出発前の情報収拾が十分でなかったことを反省した。

（二）　第二回目（長春）

第二回目は、長春市を訪問し、市内の旧満州国時代の建築群、偽満皇宮博物院を含む歴史博物館を訪ね、日本による軍国主義支配の痕跡に触れることができた。宗教施設としては、長老派の長春基督教会、孔子廟、護国般若寺を訪ねた。長春基督教会では主日礼拝に出席し、晩餐式に参加した。教会堂や礼拝出席者の人数、礼拝の様子や晩餐式の行い方など、多くの面で日本の教会とは大きく異なっていた。礼拝後に、主任牧師（女性）と副牧師（男性）に、前回の大連の教会の時と同じ質問をしたが、ここでも返答は同じであった。

（三）　まとめ

二回の現地調査では、旧満州国時代の教会や、当時のキリスト教活動に関する資料の発見はできなかった。そこで痛感したのは、日本のキリスト者は、「隣国」のキリスト教について、ほとんど知らないばかりではなく、身近に感じることも少ないということである。地理的には、国内でこれらの都市に最も近い福岡市にあるキリスト教主義の大学の教員としては、怠慢であったとしか言えない。日本のキリスト者と教会は、久しく欧米のキリスト教神学の受容と消化、その適応に腐心してきた。そのために、東アジアの一員としてのキリスト者としての自己認識が薄く、欧米経由で受容したものをその歴史的文脈で「アウトプット」する必要性とその関心が低かったことは否めない事実である。このように、アジアのキリスト教史への認識の低さと、同じ歴史的文脈で発展してきた相互のキリスト教史を共有することにも遅れをとっている。これらの文脈の中に自己を据えて、初めて見えてくる自らの等身大の姿。そのような地味な積み上げのないところに、自己の変革も、連帯意識の構築の着手も望めない。まず東アジアのキリスト教研究者たちとの具体的な交流から始める必要を痛感する次第である。そのような意味で、このシンポジウムが貴重な一歩となることを期待したい。

三　バプテストの旧満州国伝道：天野栄造の宣教師派遣とその活動

最後に、西南学院が関係する日本バプテスト連盟の前身「バプテスト西部組合」が旧満州国に派遣した宣教師天野栄造の活動を紹介し、当時のバプテスト派の満州伝道に対する姿勢や見識について述べたい。

（一）　西部組合の満州伝道

バプテスト西部組合（以下、西部組合）は、一九三六年の年次総会で大連への宣教師派遣を決議し、天野栄造（一八七三〜一九四五）を候補者として指名した[5]。翌年、同総会は、天野の宣教師就任式が執り行い、同年四月、天野は家族と共に大連に到着した。この時、天野はすでに六五歳であった。当時の男性の平均寿命は五〇歳強であったので、それから考えてもかなりの高齢での渡満であった。

なぜ、当時の西部組合は、そのような高齢の天野を満州へ宣教師として派遣するようになったのか。記録（『日本バプテスト連盟史一八八九－一九五九』、日本バプテスト連盟、一九五九年）には、以下のような記述がある。

この年（一九三五年）の一月、来朝したマドレー、ウエザースプーン両博士の示唆、即ち「現在満州に一夫婦のバプテスト宣教師が居るが、満州には満州人の外、ロシヤ人、日本人の三つの種族が居るから日本人の伝道の為には日本内地の伝道協会が当たらねばならない」に基づくものであった[6]。

そもそも満州伝道は日本人側の自主的な発議ではなく、アメリカ南部バプテスト連盟の使節が勧めたため、とある。南部バプテスト連盟外国伝道局は、その一〇年ほど前から中国東北部で伝道活動を行っていたが、満州国建国以降、その地の日本人伝道は日本のバプテストが行うべきだという考えに至った。満州国を実質的に「日本」の一部と捉えており、そのために、満州国の伝道活動は、「日本国民への伝道」と同義と捉えて、日本のバプテストが行うことが当然であるとのアメリカ側の判断が働いたものと思われる。

日本側の意識も、それほどこれと変わるところがない。上記の記録には「行橋、宮崎の開拓伝道に引続いて、わがバプテストによつて企てられた画期的伝道は鮮、満、特に大連伝道であった。」とあり、国内の開拓伝道と並行、あるいはその延長線上で満州伝道を捉えているように読める。西部組合は、南部バプテストによるこの満州伝道着手の呼びかけを、「頗る重大」なことこととして受け止めたため、その場で「二分間黙祷、その後祈祷」が行われ、その後、満場一致で満州伝道が可決されるも、この決議は、「当時としては悲壮なものがあった」と記録されている。[7] 翌一九三六年（昭和一一年）、西部組合伝道部は、総会に「満州伝道実施実行案」を提示した。それには、「満州伝道を進めるにあたり、まず大連から始め、その後、新京、奉天、ハルビンへと北上して広げたい」とあり、大連伝道が満州全体の伝道の先鞭であるとの位置付けが透けて見える。[8]

（二）　満州伝道と天野派遣に関する国内バプテストの受け止め方

では、国内のバプテスト諸教会は、天野の宣教師派遣をどのように受け止めていたであろうか。

現存する資料からはさほどの高揚感は伝わらず、むしろ新しく開始される開拓伝道への期待感の方が勝っており、天野の宣教師派遣は、その中でのこととして位置づけられ、認識されていた[9]。

これとは対照的に、西部組合執行部は、天野支援ための「満州伝道後援会」を立ち上げ、天野の派遣就任式では、天野に向けて次のようは檄を飛ばした。

満州国は我が日本の生命線である。第一・国防生命線、第二・経済生命線、第三・人格生命線であって、第一は軍当局に、第二は経済家にゆだね、第三人格生命線には我等宗教家たるものが赤誠を以て協力ご奉公する[10]。

当時の西部組合理事長下瀬加守に至っては、「満州人、中国人と仲良くやりなさい。そして、われわれが愛していることを伝えなさい」と激励したと、臨席した南部バプテスト宣教師が記録している[11]。

(三) 天野の伝道活動

天野は家族とともに一九三七年(昭和一二年)年四月に大連に到着し、翌月五月二日に最初の礼拝を行い、一〇名の出席があった。これら全員は日本国内ですでにキリスト教の信仰に入っていた人たちであった。その後、月に一度、三日間の特別伝道集会を行い、第一回目の特別伝道集会では一六名の決心者が与えられるなど、伝道活動は順調に進み、教勢も伸びて、その年の一二月には早々と「大連バプテスト教会」として教会組織に至っている。時を同じくして市内では、南京陥落の奉祝提灯行列が行われていたとの報告があるので、[12]日本のバプテストは、日本軍が中国大陸を破竹の勢いで攻め進んでいる最中、極めて羽振りのよい時機に、満州に宣教師を派遣し、教会を組織したということが言える。[13]

翌一九三八年（昭和一三年）、天野による大連バプテスト教会は、時の満州国特命全権大使（植田謙吉）によって教会に公の設立許可がおりるも、それに付帯条件が付けられた。それは、二年以内の自前の教会堂新築である。これを受けて、派遣母体の西部組合は、国内の関東地域のバプテストの教派団体であった東部組合と合同で「東亜伝道後援会」を組織し、毎年定額（四〇〇〇円）の援助を行う取り決めをした。

こうして始まった満州伝道であったが、間もなく、それも突然、教会解散に至る。先に引用した『日本バプテスト連盟史』によれば、「時局の変化に伴い、昭和一五（一九四〇）年、東西（バプテスト）両組合合同を機として、日疋による東亜伝道会へ合流し、各派合同の魁を示すこととなった」とあり、西部組合の大連伝道の記述はここで唐突に終わっている。[14]

四　満州伝道会とその後の天野の伝道活動

確かにその時点で、西部組合の働きとしての天野の活動は終了した。しかし、実際はそれ以降にも天野個人としての大連における活動は続いており、それに当時の西部組合関係者が深く関係していた。その足取りを、富士見町教会所蔵の「満州伝道會報告書」で確かめてみる。

満州伝道会の発会は、冒頭で触れたように、一九三三年（昭和八年）、「満州人教師をもって、満州語により、満州国人に伝道する」信徒主体の組織として、日本基督教会富士見町教会（現日本基督教団富士見町教会）の教会員有志によって始まった海外伝道団体である[15]。

この設立理念に沿って、二つの主要目標が掲げられた。それらは、①東亜新秩序の建設に於ける文化工作の基本としての教育機関設置の必要。②支那における欧米的基督教機関に対して、日本の基督教教育機関設置の重要性である[16]。これらの目標は中国人の受洗入会志願書の書式にも反映され、受洗者の姓名、年齢、籍貫、現住所、永久地址、職業、家族、教育等の記載に加え、「身分調査」という欄が設けられた。その欄には、「東亜和平主義を愛好せる親日家なり」と記されている場合もあり、満州国政府に従順であるか否かが、入会承認の条件となっていた可能性が伺える。

その後、満州伝道会は名称を「東亜伝道会」と変更し、その記録は、現在、日本基督教団富士見町教会が所蔵している。それによれば、天野は、大連における伝道活動を開始してからから間もなく、満州伝道会からまとまった支援を定期的に受けており、その支援は、団体が東亜伝道会となった後も引き継がれていたことが記されている。[17]

五　大連における「天野問題」とその後の天野栄造

それにも関わらず、東亜伝道会と天野の関係は必ずしも順調とは言えなかった。度々深刻な対立が起っており、その結果、一九四〇年一〇月には、この団体の前身である満州伝道会の草創期から活動の中心的な働きを担い、東亜伝道会の現地代表理事として尽力していた山下永幸が辞任している。

天野と東亜伝道会の間の「深刻な対立」は、山下辞任の前年に当たる一九三九年一二月、西部組合代表者が、自分たちの大連伝道を「条件付き」で東亜伝道会に引き受けてほしいと要望したことに遡る。[18]その後、翌年一月、両者の間で協力に関する覚書「日本バプテスト教会並に東亜伝道会との協力に関する件」が交換された。[19]その内容は次の通りである。[20]

①大連バプテスト教会を東亜伝道会大連教会と改称する。
②教会の信仰、儀式等はすべてバプテストの伝統による。
③牧師・伝道師はバプテスト派の者を将来も採用する（在任者を故なくして解任せざる事）。

④経済は日本バプテスト教会より毎月金一〇〇円、東亜伝道会より毎月六〇円を補助する。
⑤東亜伝道会は満人に対する伝道を高調し居る会なるにより、今後大連教会に於いても満人に対する伝道を実行努力する。

これを条件に、東亜伝道会側は天野と天野の大連バプテスト教会を受け入れ、大連バプテスト教会側もまた、翌月の教会総会でこれを承認した。つまり天野は、この教会総会承認により、東亜伝道会の伝道方針に従うことを正式に表明したことになる。そのため、新しく仕切り直して活動を行うことが期待されたはずである。

しかし、天野はこの条件を遵守した形跡はない。教会名は変更せず「満州基督教新教会」を踏襲し、「満州人に伝道する」は行わずに、依然として満州在住の日本人のみを伝道対象にしていた。東亜伝道会の現地責任者山下は、天野の対応に手を焼き、日疋に訴えるも、日疋は山下に天野の容認を申し入れるように進言する始末であった。[21] これに対して山下は、日疋を安心させるかのように「天野牧師の件、……今後天野氏の御計画には善隣関係をもち、なるべく接近しません。天野氏の御自由にまかします。ご安心下さいませ（一九四〇・四・二）」。と書き送った。

しかし、この「天野氏の御自由」は度を越すようになり、東亜伝道会との約束事の反故に止まらず、たびたび経費の増額を要求し、その使途たるや、東亜伝道会への受け入れ条件であった「満人に対する伝道を実行努力」を無視しているとしか思えないものであった。そのため日疋は、これまでの姿勢とは打って変わって、天野に対して「満人伝道に力を注いでほしい。畳表替えなど日本人の座るためではないか。備品など入れるには熱心だが満人伝道に力を入れているとは思えぬ。」という、激しい内容の手紙を送った。

山下も次のような報告を日疋に届けていた。

大連は昔の通り日本人伝道のみ。満人に対して何もしていない。奉天其の他には東亜伝道会入会以来一回も巡回していない。補助金一六〇円では何もできんと。（中略）新教会と名付けて大理想、大計画でも行う満基の新派のような触れだしで基督教新聞にも記載し、満基のものの神経を刺激したが、実はまだその看板もかかっていない。満州語のわかる伝道者もいない。それもこれも経費不足、会長に出している修繕費などの経費の送金を願ってくれとのことでした[22]。

天野はこの批判に対して、自らの正当化し、以下のように主張した。

ただいま満州人に対し直接伝道はしていないが、沙河口に家賃三〇円の伝道所を作り、満州人を月五〇円で入れ、ベンチ一〇個一五〇円、教壇二五円で購入して活発な伝道を始めれば、各方面の満州人伝道に大きな助けとなると思う。

天野は反省するどころか、新たな送金を日疋に頼む始末であった。これに対する日疋からの返信はなかった模様で、天野は翌月再び日疋に返信を求めている[23]。

東亜伝道会からの天野への送金は、一九四一年の一一月以降、記録が一切見当たらないため、天野の伝道活動は事実上停止したものと想像される[24]。実際、この年の年末、天野は帰国して大分県別府市におり、翌一九四二年（昭和一七年）の四月までは大連に帰らないとの意志を、本部にはがきで知らせている。そして突然、九月二日付けで突然辞職願を提出し、一〇月に帰国するとして一方的に大連を引き払った[25]。引退の理由は明らかではないが、その年の一一月に開かれた日本基督教団第四部会大会（第四回の日本バプテストとしての最後の大会）に「大連教会解散に関する報告」がなされているため、天野の突然の帰国が、西部組合の教団加盟と何等かの関係があったことは推測される[26]。

六　何を学ぶか

西部組合の日本基督教団加盟により、バプテスト単独による満州伝道は終止符を打ち、今後は日本基督教団の一部として、日本基督教団東亜局となった旧東亜伝道会の伝道に参加する形で続けられた。当時の日本のバプテストにとって「満州伝道」は、天野個人がそうであったように「満州に住む日本人伝道」と同義であったため、満州伝道会やその流れを汲む東亜伝道会のように、「現地の人々」への福音伝道という視点は、元来弱かったと言わねばならない。

天野は、満州人伝道を急務とする満州伝道会や東亜伝道会から「満人の伝道」を繰り返し迫られても、「ただいま満州人に対し直接伝道はしていないが、沙河口に家賃三〇円の伝道所を作り、満州人を月五〇円で入れ、ベンチ一〇個一五〇円、教壇二五円で購入して活発な伝道を始めれば、各方面の満州人伝道に大きな助けとなると思う」という、悠長な応答を返すのみであった。何が天野をしてそのように「悠長」に構えさせたのか。それは、天野の「日本人伝道」を優先し、「満州人を月五〇円で雇い入れ」という表現にみられるように、同じ地域で暮らす「現地の人々」は、現地の日本人と同等の福音を伝える対象ではなく、あくまで日本人伝道のための補助的存在という見方しかなかった点に、その要因があったのではないか。

では万一、日本人伝道が軌道に乗った暁には、天野は現地の人々への伝道に乗り出しただろうか。おそらくそれも期待できなかったように思われる。なぜなら、西部組合伝道部は天野を派遣するにあたり、「満州伝道実施実行案」を提案し、「まず大連から始め、その後、新京、奉天、ハルビンへと北上して広げたい」と、満州全体を視野に入れた伝道活動の先鞭として大連伝道を位置付けていた。この地理的な広がり方は、当時の日本軍による中国国内の支配拡大の標語と共鳴している。加えて、実際は軍部との関係抜きでのキリスト教伝道が難しかったことから、どこまで行っても満州における西部組合の優先順位は、それらの地域の「日本人伝道」の成果の拡大にであり、繰り返しになるが、満州伝道会や東亜伝道会のように、現地の人々への伝道という認識は薄かったと考える。

再び荒井英子によれば、当時、現地の日本のキリスト教による伝道には、「日本の帝国主義的支配に呻吟する現地の人々への状況への無理解」や、「自らが国策に沿って活動する加害者である」という罪責はなかったという[27]。天野の場合、「満州人を月五〇円で雇い入れ」るという意味では、現地の人を助けているという意識があったかもしれない。しかし同時に、天野には、現地の人々は、自らの伝道計画のために「賃金で雇い入れる」対象ではあっても、福音を伝える対象とは映っていなかったのではないか。現地の人々の実情に対しても、「日本の帝国主義的支配に呻吟している」という現実認識には至らず、伝道は「国策に沿って可能となる」という、戦時下の日本のキリスト教会の伝道論と大きく重なる部分があったのではないか。これは、天野を満州に派遣したバプテスト西部組合も同様であったと考える。

確かに天野の満州伝道は、満州伝道会や、東亜伝道会のように、中国人の受洗入会志願書に「東亜和平主義を愛好せる親日家なり」と記入するような満州国政府への従順を、直接的には目論んでいない。しかし、だからと言って、それが当時の日本のバプテストの免罪にはなり得ない。天野も、天野を派遣したバプテスト西部組合も、真の意味での「隣人」は不在であり、加えて、国策による庇護が前提とされたキリスト教伝道であった。当時はそれ以外に現実的な選択肢はなかったとしても、聖書が教える隣人性の欠如は認めざるを得ない。

敗戦後の一九四七年、西部組合の流れを汲む日本バプテスト連盟が結成された。その日本バプテスト連盟は、一九八〇年に、ようやく自らの戦争責任告白を公にした。敗戦から三五年目、日本基督教団の戦争責任告白から二〇年以上の遅れである。このような遅れは、一体何によるものか。戦後の日本のバプテストをして、自らの戦争責任告白の言葉を紡ぎ出すために立ち戻るべき痛みを麻痺させてしまう独特の要因が、天野や、天野を送り出した当時のバプテストの中に存在していたのではないか。そして、戦後の戦争告白の遅れはそれと無関係ではないのではないか。天野を宣教師として満州国へ派遣した歴史から見えてきたのは、他の日本人のキリスト教諸教派と同じく、当時のバプテストも素朴な天皇制国家への崇拝を持っており、満州伝道を促した南部バプテストの提案を「素直に」受け身で受け取る「外圧」への依存体質である。この「外圧」への無批判な受容は、政教分離と信教の自由を旗頭に誕生したバプテスト派の主張とは相容れない。そこには「日本版のバプテストの信仰」が生まれていたのではないか。この解明はなされなければならない。

最近、東京・富坂キリスト教センターの研究会が「在外邦人教会の内面史」の研究を行っていることを知った。天野と天野を送り出した当時の日本のバプテストの内面史についても、このような研究から光が当てられることを期待したい。

注

（1）ハン氏の研究によれば、旧満州国では、推定二〇のプロテスタント教派が伝道活動をしており、スコットランド長老教会、アイルランド長老教会、デンマーク・ルーテル教会の勢力が強かった。中でも長老教会は教職者数、宣教師数、満洲人教師数、教会数、信徒数の上で群を抜いていたという。

（2）これについては、荒井英子が「伝道者たちの言説における戦争『被害者』不在」（明治学院大学国際平和研究所『PRIME』、No.31, pp.40-57）で述べている。

（3）このような満州国と教会の関係は、一九三三年三月、日本の国際連盟脱退を機にあからさまになる。当局はキリスト教の集会で「国体の本義」を述べ、国民精神作興の自覚を強調し、キリスト教の日本化を促した。キリスト教側もこれによく応え、一九三七年には、「満州基督教連合会」を組織し、満州国政府の関係部署と連携しながら伝道活動を展開した。当局に対する不満分子の摘発の一翼を担っていたことも否めず、伝道活動が満州人の思想心情を探るツールとなることもあった。

（4）この組織は、日疋の死後、弱体化の一途を辿るも、一九四一年に日本基督教団設立後は、「東亜局」と改称し、日本基督教団と共に戦時政策の一翼を担った。

（5）これを受けて、南部バプテスト連盟宣教師ギャロットは「現地の視察を行い、その後、当時広島教会牧師であった天野を説得に行った」という。（『日本バプテスト連盟史一八八九―一九五九』、日本バプテスト連盟、一九五九年）、四三三頁。

（6）日本バプテスト連盟、前掲書、四三二頁。

（7）　同右。

（8）　その具体策として、以下が提案された。①満州伝道を進めるにあたり、まず大連から始め、その後、新京、奉天、ハルビンへと北上して広げたい。②必要費用は年額三〇〇〇円で、牧師給、伝道費、住宅費等にあてる。③収入は、基本的に現地大連の信徒の約束献金、有志による特別献金、牧師子女教育費撤廃、主事費一部を削減（一五六〇円／年）して捻出する。

（9）　天野が最初に牧師として働いたと小石川バプテスト教会は教会の刊行物に次のようにある。「この時にあたつて、わがバプテストに満州伝道の声を聞くは、我が意を得たる喜びであり、隣人に主の聖名を知らしめんとする使命を地の極にまで基督の証人として戦ふ時期を聖霊に満たされる時を期待されるのである。朝鮮へ、満州へ、或いは南洋へと伝道の道は限りなく広げられている。……満州の同胞の上に、大いなる教訓と導きをたれ給わんことを。」（小石川バプテスト教会『栄冠』第一〇号（一九三六年一一月一五日）。これは、好意的な論調ではあるが、ここには自分たちの元牧師天野栄造が宣教師に抜擢されたことへの言及は一言もない。教会の刊行物に満州伝道と天野栄造がセットで出てくるのはそれから七ヶ月も後のことで、そこでは次のように書かれている。「今般、自ら進んで満州伝道の大任を帯びられた……先生の伝道を後援する、満州伝道後援会が、組合の中に組織され、広く全国的に会員を募ることになりました。賛助会員（一口）五〇銭以上、維持会員（一口）一円以上。（上掲書、第一七号、一九三七年六月）。

（10）　日本バプテスト連盟、前掲書、四三三頁。

（11）　F. Calvin Parker, *The Southern Baptist Missions in Japan, 1889–1989* (New York: University Press of America, 1991), p.130. これは、南満州鉄道初代総裁の後藤新平が、就任の表敬訪問に訪れた

日本基督教会伝道局監事〔貴山幸次郎〕に述べた内容と酷似している。

(12) 日本バプテスト連盟、前掲書、四三七頁。

(13) 天野の大連の教会は、一九三九〔昭和一四〕年の時点で教会員四〇名となるも、満州国内の他教派は、改革派教会一八教会、教会員二四〇八人、メソジスト教会八教会、教会員一〇〇七人、南部バプテスト六教会、二四伝道所、教会員二二二五名であり、それに比べれば微々たる教勢であったと言える。

(14) 日本バプテスト連盟、前掲書、四三七頁。

(15) この文言は満州伝道会規約の原案文であるが〔韓晳曦「満州伝道会の成立と展開」〔同志社大学基督教研究会編『基督教研究』五七〔二〕〕、一四七頁〕、正式な規約では「本會ハ滿洲國ニ於テ滿洲人ニ對スル基督教ノ傳道ヲ目的トス」とされた〔富士見町教会所蔵『滿州伝道會報告書【三】』〔昭和一〇年三月〕、六頁〕。

(16) 筆者による富士見町教会資料からのメモ。

(17) 例えば、一九三七〔昭和一二〕年一一月の「北支伝道文書」の「各地送金表」には「大連新教会〔天野〕二〇〇」とあり、二〇〇円の経済支援を受けていたとの記録がある。しかし、この額は誤った額のようで、「一六〇」という数字が棒線で消され、「二〇〇」と書き直されている。別の日には、鉛筆書きで「天野一〇〇・家賃五〇」とあり、これは同地区〔南満教区〕一四教会・伝道所内で高額にランクされる額に相当する。また、「収入見込み」という記帳もあり、「バプテストを含む日本国内の一〇の教派から一〇〇円以上の献金があるであろう」とある。このことは、バプテストが東亜伝道会を経由して、教派団体としてまとまった額を献金していた証拠であり、具体的には天野への経済支援であったと推測される。このような東亜伝道会を経由してのバプテストの天野の支援はその後も続き、一九三九（昭和一四）年五月三一日には、千葉勇五郎（一四年五月より六ヶ月分月額五〇円也）三〇〇円、当時の目白ヶ丘教会牧師熊野清樹が五～一二月分として合計四〇〇円を献金している。翌一九四〇（昭和一五）年度は一月分より、今度は東西バプテストの合同教団である「日本バプテスト教団」として毎月一〇〇円の献金があった。この年、東西バプテストは教派合同をして日本基督教団に参加しているので、天野を大連に派遣した旧バプテスト西部組合は、日本基督教団加盟直前まで、天野支援の献金を東亜伝道会へ送っていたことになる。事実、東亜伝道会からの天野への送金は月額一六〇円で、近辺の最高額一八三円（熱河・福井）に次ぐ高額である。この年の六月五日、天野へ四〇〇円という多額の支出が記載され、用途は「修繕費」とある。

(18)　その代表者は、熊野清樹、渡部元であった（韓晳曦、『日本の満州支配と満州伝道会』、日本基督教団出版局、一九九九年、一二一頁）。

(19)　これは『日本バプテスト連盟史』が記す「時局の変化に伴い、昭和一五年（一九四〇）、東西（バプテスト）両組合合同を機として、日疋による東亜伝道会へ合流し、各派合同の魁を示すこととなった」とする出来事を指していると推測される（『日本バプテスト連盟史一八八九―一九五九』、四三七頁）。

(20)　富士見町教会所蔵『東亜伝道会日誌』、韓、『日本の満州支配と満州伝道会』、一二一頁。

(21)　日疋は、「バプテストは満州にて天野牧師を中心として独立して伝道したい。他の教区にははいりたくない。大連を発起として奉天、新京、ハルビンを貫いて、バプテストの精神を以てやりたいとの事であった。」と書き送った。日疋、山下の書簡は富士見町教会所蔵『東亜伝道会日誌』、韓、『日本の満州支配と満州伝道会』より。

（22）富士見町教会所蔵『東亜伝道会日誌』、韓、『日本の満州支配と満州伝道会』、一二三頁。
（23）韓、前掲書一二三頁。
（24）翌一九四一（昭和一六）年度」の東亜伝道会の「各地送金状態（送金許可証）」によれば、日本バプテスト教団から一～五月分として一二〇〇円の献金ありある。天野への献金は月額二〇〇円となり、これも個人への支出としては依然として高額の部類に入る。
（25）帰国後の天野の動静は『富江バプテスト教会史稿』に詳しい。これは、帰国後の天野に関する数少ない現存の関係資料である。それによれば、天野の大連教会牧師辞任引退は一九四二（昭和一七）年一〇月で、翌年一九四八（昭和一八）年八月一三日から約一月、長崎県富江に滞在し、九月五日には富江教会で主の晩餐式を執行したとある。そして、同二六日の夕礼拝を最後に、天野の名前は教会の記録から消えている。富江教会来訪のきっかけは、天野の妻の実家が上五島若松村にあったためであろう。天野栄造は、一九三五（昭和二〇）年七月三〇日、五島で没している。
（26）この大会の主要議題は、神学校廃止、部制廃止に対応する事後処理であった。記録には、（四）「教会・伝道所・学校・団体の改廃」が議題として挙げられているが、天野の辞任並びに大連における教会活動の報告がなされたか否かは、記録からは定かではない（『日本基督教団史資料集第二巻』にはその記載はない）。ただ「教師扶助の件」では、菅谷仁が教団の謝恩金制度の説明を行い、その中で（三）「昭和一八年度伝道案に関する件」の説明がバプテストの青柳茂よりなされた。そこには、「（イ）日本基督教団の伝道方針に立脚し、支教区の伝道案に応じ……」とあるため、東亜伝道会が教団の部署となれば、天野単独の活動の余地は皆無となることが示唆されている。
（27）荒井、天野、前掲書。

第七章　宣教師が見た日本人伝道者たち

――「満洲国」におけるキリスト教伝道を中心に――

渡辺　祐子

はじめに

日本社会のあらゆる階層が総力戦体制に組み込まれ侵略戦争に加担した戦時の記憶が急速に薄れようとしている。戦争体験者は次々に亡くなり、若い世代が体験者から直接話を聞ける機会も間もなく完全になくなるだろう。その一方で、戦争の記憶の継承の努力はあまりにも小さく、むしろ侵略の事実を否定する歴史修正主義がかつてないほど勢いを増している。こうした状況の中でキリスト教史研究に携わる日本の研究者がなすべき務めは、日本の教会の戦時協力の過去を、抽象的にではなく具体的に記憶にとどめることであろう。

戦後ドイツと戦後日本の「過去の克服」に対する態度が大きく異なっていることは改めて指摘

するまでもない。日本社会の戦争責任追及は、アメリカの極東政策の強い影響を受けたこともあり、全く不徹底で中途半端のまま現在に至っている。しかしながら、ドイツよりもはるかに時間がかかったものの、日本の宗教界は比較的良心的な姿勢を示した。日本のキリスト教会は一九六七年以降、「戦争責任告白」や「神社参拝強制の懺悔」を公に発表し、日本社会に過去の罪責に向き合う重要性を問いかけた。仏教界のいくつかの宗派もキリスト教の動きに刺激を受けて、戦争責任告白を発表している。

しかし「戦責告白」の精神が日本の教会全体に広く共有されているかというと、必ずしもそうとはいえない。発表当時から内部では賛否両論があったと言われているし、教会から若年層が急速に消失しつつある現在、その精神の引き継ぎ自体も大変な困難に直面している。そうした外側の問題に加えて、「告白」が国策に全面的に協力した過去を批判的にとらえているとはいえ、「過去の克服」が必ずしも個別具体的な歴史的事実の研究を伴ってこなかったことも省みる必要がある。そのため「教会は過去、アジア侵略に加担し、神の前に罪を犯した」というお題目的な「反省」が、皮相的に繰り返されているきらいがなくはない。

こうした状況にかんがみ、本報告では教会の国策協力の具体的なケースとして日本人伝道者による「満洲国」伝道を取り上げ、この伝道事業をめぐる記憶のありかたを、事業に直接かかわった当事者の回想と外国人（スコットランド、アイルランド）宣教師の報告を比較しつつ批判的に検討してみたい。「過去の克服」に少しでも内実を伴わせることが、本報告の目的である。なお本稿では、中国東北部（東三省）を指す地域名としての満洲と傀儡国家としての「満洲国」を、後者に括弧をつけることによって区別する。またここで述べることがらは、筆者がいくつかの前著で考察した内容と重複していることをあらかじめ断っておく。

一　満洲伝道について

（一）　概要(1)

中国東北部にプロテスタントの宣教師が最初に入ったのは一八六九年で、この時の宣教師はアイルランド長老教会に属していた。その後間もなくスコットランド教会も宣教師を送り、営口や奉天（現瀋陽）を拠点に東北部の各地に伝道し、教会、学校、医学校、診療所を設立した。

一九二二年の大掛かりな調査によると、東北部の人口が約二〇〇〇万に対し、キリスト教徒の数は二万強。その内訳は、アイルランドの教会が九〇〇〇人、スコットランド教会が一万人、ルーテル教会は一四〇〇名となっている。クリスチャン人口の規模という点からいうと、中国東北部伝道はアイルランドとスコットランドの長老教会によって担われていたといえる。

同じ長老派教会だった両教会は一八九〇年に満洲宣教会議を設立し（憲法規則ができるのは一九一二年）、協力関係を強化した。翌一八九一年には中国人教会による最初の中会が形成される。中国人教会の宣教団体からの独立にかんする最初の記録が見られるのは一九一〇年だが、一八九一年時点で、満洲に中会を形成することは独立を認めることであるとみなされ、母教会もそれを承認した。一九〇七年には三つの中会が関東大会を形成し、一九二七年には、中国初の中国人による合同教会、中華基督教会に加盟した。宣教会議と中華基督教会関東大会は、the Policy Committee という連絡機関としての委員会を設立、この委員会を通して頻繁に情報共有とディスカッションを行った。だがこの委員会には議決権はなく、宣教師が大会の決定に干渉することはなかった。

順調に教勢を伸ばしていた満洲伝道であったが、一九三二年に「満洲国」が成立すると少しずつ教会に対する圧力が強まり、一九三五年の奉天における中国人キリスト教指導者の大検挙以降、教会に対する風当たりは一段と厳しさを増してゆく。一九三八年にはキリスト教学校の学校法人化が義務付けられ、そのことが同時にキリスト教教育の実質的制限を意味したことから、スコットランド、アイルランド両教会は学校の閉校に踏み切った。そして一九四一年、日米開戦とともに「敵国人」となった宣教師たちは、中国人信徒たちと引き離され、そのうちの多くが日本を含む各地の抑留施設に送り込まれた。

(二) 中国人教会の自立について

中国人自身の手による教会形成について具体的に考えるために、ここで岩波新書第一号の『奉天三十年』の著者として知られるスコットランド教会の宣教医クリスティ（Dugald Christie）に触れておきたい(2)。

クリスティは一八八一年にエディンバラ大学で医師免許を獲得した翌年に中国を目指し、一八八三年から奉天を拠点に医療伝道を開始した。

クリスティが目指す医療伝道の最終的なゴールは、中国人のクリスチャン医師を育て、彼らが自立した医療活動が行えるようになること、さらに宣教団体が設立した医療機関を完全に中国人にゆだねることだった。そのゴールを目指してクリスティは一八八五年から医学教育に取り組み始める。当初は中国人に診療所の手伝いをさせながら医学の手ほどきを教える程度だったが、一九〇八年ごろから医学校設立構想を具体的に練り始めたという。

クリスティの構想は一九一二年、奉天医学校設立として実現する。医学教育に関しクリスティが絶対に譲らなかったのは、英語ではなく、中国語で教育することである。一九一一年に満鉄が関わって設立された南満洲医学堂（後の満洲医科大学）は日本語で教育していたので、中国東北部で中国人が母語で医学を学べる期間は、奉天医学校しかなかった。

医学校に中国人学生を受け入れてから一〇年間、クリスティはひたすら宣教医として教会と患者、そして医学生のために仕え、一九二二年に帰国、一九三六年に死去した。

クリスティが最後まで貫いた主張――医学教育を中国語で行い、クリスチャンの中国人医師を育て、中国人自身の手によって高度な医療奉仕を満洲の地で行う――は、スコットランド、アイルランドの両教会が追求した「中国人自身による教会形成」と重なり合うものである。しばしば中国の教会の自立は、マルクス主義陣営からのナショナリズムの動きに呼応したものとしてとらえられる。その一面は確かにあるものの、宣教論として一九世紀後半からずっと論じられていたことを忘れてはならない。

二　日本の教会による中国伝道(3)

日本人宣教師が初めて派遣された「外国」は、日清戦争での勝利によって領有した台湾だが、海外伝道の必要性はそれ以前から意識されていた。一八九〇年の大会で日本一致教会から改名した日本基督教会は、各地に中会を形成し、宣教団体からの完全自立を念頭に置いた自主独立路線の模索が本格化してゆく中で、「外地伝道」に関心を向け始める。

日本の教会が中国大陸伝道に具体的に着手するのは、日清戦争後中国各地に租界が形成されてからである。一八九七年に蘇州と杭州、一八九八年には沙市、天津、漢口、一九〇一年には重慶、中国諸都市に日本租界を開設した。当時の日本の二大教会のひとつである日本基督教会は、第一六回大会（一九〇二）の「北清伝道着手の決議」に基づき、一九〇三年、天津に伝道局幹事貴山幸次郎が派遣されここに日本人教会が建てられた。天津教会の牧師に就任したのは、かつて組合教会牧師をしていた丸山傳太郎（一八七一～一九五一）である。その後一九〇五年一二月に租借地大連に、一九一一年には奉天と旅順に、さらに撫順に教会が建てられ、一九一二年には満洲中会が形成された。最初に生まれた天津の教会は当初東京中会に属していたが、間もなく満洲中会に加盟した。

これらの教会は、すべて在留日本人を伝道対象とした日本人教会である。天津以外は東北部に集中しており、大連や旅順における教会の設立は、日露戦争での勝利によって租借地（関東州）を獲得したことを背景としていた。租借地で最初に設立された大連教会は、陸軍軍人で満洲軍倉庫長だった日本基督教会会員日疋信亮（一八五八～一九四〇）が、倉庫の一室で毎週開いていた祈祷会から始まっている。また同じ時期に貴山幸次郎が満洲伝道拡大のために視察に大連を訪れた際、わざわざ大連民政署長を表敬訪問し相互協力を確認している。貴山は一九〇七年にも視察に訪れ、この時は前年設立された満鉄の総裁、後藤新平を表敬訪問した。実際満鉄は、大連教会を拠点とした伝道活動のために交通や宿泊の便を図ったり、地所や建築材料を安価に提供したりした。軍管轄の場所の提供、行政との相互協力、巨大な国策会社であった満鉄からの支援取り付けが、教会設立の重要な前提となっていた。

日本基督教会が、日本人伝道からさらに一歩現地人伝道に踏み出すことを正式に目標に掲げたのは、一九〇九年であった。この年日本基督教会はプロテスタント日本伝道五〇周年を記念して「清国人伝道」を決議、同年一一月、上記丸山傳太郎を北京に派遣した。しかしこの企ては塩漬けにされたまま、二〇年以上が経過する。清国人伝道が実現を見るのは、満洲事変以後のことである。

三　東亜伝道会[4]

（一）　満洲伝道会の設立

満洲事変、「満洲国」建国を経た一九三三年、日本キリスト教史上初の外国人伝道を目的とした伝道会、満洲伝道会が結成された。伝道会設立の立役者は、一九〇五年に建設された日本基督大連教会の生みの親である日疋信亮（日疋自身は一九〇六年一〇月に帰国）と同教会の牧師を一九一三年から二七年まで務めた三吉務（一八七八〜一九七九）である。二人は帰国後それぞれ日本基督教会富士見町教会の長老、牧師を務めており、毎週金曜日は特に中国伝道を祈りの課題とした祈祷会を守っていた。

「満洲国」建国に際し、彼らは中国現地人伝道の機が熟したとして満洲伝道会設立に踏み切り、本部を富士見町教会内に置いた。規約によれば会の目的は「満洲人教師をもって、満洲語により伝道する」ことと「日語教育又は医療其他慈善事業」の実践で、日本のクリスチャンを信仰に導いた外国人宣教師と同じ働きを使命とする唯一の団体であると自ら位置づけている。会の設立に際し、キリスト教各教派にも広く協力を呼びかけており、満洲伝道会は日本基督教会とは別の超教派組織として出発しているが、発足にあたって中心的な役割を果たしたのはやはり日本基督教会であった。

委員長の日疋信亮はまず陸軍大臣荒木貞夫の承諾を得てから一九三三年年九月に渡満、同月一五日、本会在満代表の山下永幸を伴って、関東庁長官と駐満全権大使を兼任する関東軍司令官・菱刈隆にも会い、満洲伝道への理解と許可を求めた。関東庁の許可を得た彼らは、まず奉天、次に新京に教会を設立し、一二月のはじめに両教会の開設式が挙行された。翌一九三四年一一月には大連にも教会が設立された。

ところが一九三五年五月頃から、ホーリネス教会の入会をめぐって、日疋と山下との間に早くも路線対立が起きる。神学的解釈の違いを乗り越えて伝道に専念すべきであるという日疋に対し、現地の山下は、ホーリネス的伝道は許容できないと拒否した。日疋の他教派に対する寛容な姿勢の背景には、おひざ元の日本基督教会が満洲伝道会への献金を凍結し、他方ホーリネス教会が月額五〇円の献金をするという事情があったようである。日本基督教会は自身が北満地域に開拓伝道を行っており、教会を挙げて満洲伝道会の業を支えていたとはいえず、献金についてもしばしば反対意見が出ていた。

ホーリネスの加入をめぐる両者の路線対立は根本的な解決を見ないまま、満洲一帯を教区に分け、新京以南の第一教区（奉天、新京、大連）を山下が、以北の第二教区（哈爾浜、チチハル、索倫、開通など）をホーリネス系が伝道することになった。一九三五年一一月からはここに第三教区、すなわち熱河伝道の地、熱河教区が加わる。

満洲伝道会の教区に熱河地区が加わったころ、奉天では一九三五年一〇月にミッション系病院に勤める中国人医師たちが共産主義者の嫌疑で多数検挙される事件が起き、さらにはミッションスクールが、のちの神社参拝強制のひな型ともなる孔子祭への強制参加に直面している[5]。たとえ十分な証拠がなくとも、反満抗日的な言動が疑われただけで検挙が断行され、孔子廟参拝の強制によって「満洲国」建国の理念への忠誠が求められたのである。思想、言論統制は、一九三七年七月の日中全面戦争勃発以降、さらに拍車がかかり、一九三八年には「満洲国」民生部が「暫行寺廟及布教者取締規則」を発布、あらゆる宗教団体に関する情報をすべて漏らさず報告することを義務付けて、宗教活動を厳格な監視下に置いた。中国人教会に活動の自由はなくなり、宣教師が本国に送る手紙も検閲対象となっていたので、「満洲国」の実態が本国の伝道局に伝えられる機会も著しく制限されることになった。

（二）日中全面戦争以降――東亜伝道会の「発展的解消」

このような状況のもと、日中全面戦争を機に満洲伝道会から改称した「東亜伝道会」は、中華民国内の日本軍占領地に伝道圏を拡大した。伝道地の拡大に伴って膨らんだ経費の補てんに充てられたのが、一九三八年以降外務省から受領することになる寄付金である。この寄付は一九三八年当初は臨時寄付二万円だったものが、一九四二年には四万円に増額され、一九四三年からは大東亜省から同額の四万円を受領した。東亜伝道会は外務省に寄付金増額も願い出ており、下書きと思われる文書には次のような一文も含まれている。「東亜共栄圏内の基督教の一大連盟の結成を見るに至る可く、将来の宣撫工作も共存共栄もこの線に沿ふて行はる日あらんことを期待するものなり。」あくまでも外務省向けの言葉遣いであり、この文書がそのまま外務省に送られたかどうかも定かではない。しかし東亜伝道会が宣撫工作を使命とすることをアピールしようとしたこと、そして外務省がアピールに答えていたことは、東亜伝道会の国策的な側面を明らかに示すものだろう。

さて、やり手で独断専行の傾向があった山下永幸に対しては伝道会内部からの批判も少なくなく、一九三九年になると辞任が取りざたされるようになった。一九四〇年、山下が新しい教会堂と神学校の建設、そして神学校教師の採用を独断で進めると批判はさらに高まり、彼は一〇月、日疋宛に辞表を提出する（ただし、代表を辞任したことは確かだが、東亜伝道会と一切の関わりを断ったわけではない）。日疋は山下の辞意を額面通りには受け取らず、その本意を確認していた矢先の一一月に急死、東亜伝道会は急速に求心力を失った。相前後してバプテスト教会がバプテストの方法に沿った伝道方針を堅持したまま東亜伝道会第一教区への加盟を求め、山下と激しく対立し、会の統率にさらなる乱れが生じた。

いっぽう第二教区で精力的に伝道を行っていたホーリネス系の伝道者たちは、しばしば「神癒」によって多くの人々を教会に引き付けていた。ところが一九四一年の日米開戦をはさんで一九四二年にきよめ教会と聖教会の教職が続々と逮捕され、彼らの教会は伝道禁止と解散を命ぜられる。第二教区は大打撃を受け、一気に意気消沈した。バプテスト問題で揺れる第一教区や、逮捕者が出たことにより伝道が沈滞化した第二教区に対して、第三教区の熱河には、一九四一年の終わりから、承徳を拠点に伝道していた福井二郎を慕って、志を立てた男女が参集し各地に拠点を築いていった。これが戦後多くのキリスト者の感動を誘った、いわゆる熱河伝道のグループである。日疋の急死を受けて会長に就いたのは、政友会の代議士で霊南坂教会会員の松山常次郎である。一九四一年六月に日本基督教団が成立すると、松山らは、東亜伝道会を発展的に解消し教団に組み入れるべく、教団幹部と話し合いを始めた。その背後には教団として組織的に東亜建設の一翼を担うことが当局から期待されていた建前上の理由に加えて、東亜伝道会の財政状況が、国からの援助金を受領してもなお厳しかったことが挙げられるだろう。結果東亜伝道会は、一九四三年暮に日本基督教団に新設される予定の東亜局に包摂されることが決議された（翌一月発足）。こうして一〇年間の活動の末、東亜伝道会としての活動は終りを迎えた。

四　東亜伝道会の評価をめぐって[6]

（一）　関係者たちの回想

戦後一九六〇年代になって東亜伝道会の働きを回顧した元奉天日本キリスト教会牧師の三吉務は、「日疋氏は元軍人であったが、そのために軍部と何か連絡したことなどは一度もないので、あくまで零細な個人献金を集めて、この運動を進めたのであった。のちのことは知らんが、少なくとも自分が日疋氏と満洲伝道会創立について語り、またその後の事業の推進については、まったく祈りと主の聖言によったものである」と述べている。また熱河教区で伝道した二橋正夫は東亜伝道会を「純然たる宣教目的」で設立され「資金はすべて信徒の自発的な浄財によって賄われ、本来の趣旨である中国人による中国伝道という理想を一貫して守」ったと述べている。

先にも若干触れたように、東亜伝道会は軍や警察の理解と協力なしに円滑に伝道事業を進めてゆくことはできなかった。軍や警察の側からすれば、国体に相反する思想的傾向を持つキリスト教は、監視の対象であると同時に、中国全土に浸透し根を張る欧米宣教団体に対抗しその影響力を減殺するうえで、大いに利用価値のある宗教でもあった。東亜伝道会が外務省からの補助金を受領していたことも上述したとおりである。したがって、三吉の主観的な回想や二橋の叙述が、事実に反することは言うまでもない。

二橋の述べる「中国人による中国人の伝道」との趣旨は最後まで堅持されたとはいえ、特に画期的な方針というわけではなかった。というのも、この時にはすでに中国人自身の教会形成と伝道とが行われていたからである。アイルランド長老教会も、スコットランド教会も、それぞれ伝道を開始して間もないころから、宣教師たちは教会の自立を最終的な目的としており、満洲国が成立したときにはすでに関東大会傘下の中国人教職者によって教会形成と伝道が行われていた。病院や学校の運営には多くの宣教師がかかわっていたが、教会の伝道牧会や教会政治に宣教師が指図することもなくなっていた。関東大会の中国人牧師たちの宣教師に対する信頼は絶大であり、両者は良きパートナーとしてキリスト教の諸事業にあたっていたのだった。

さらに二橋の次のような回想からは、自らの置かれた状況に対する客観的認識の欠如が伺える。

(一九四二年五月　カッコ内筆者。以下同様)二十八日福音堂の英人宣教師ダルシイ夫妻が、許されて持つことのできる小さなスーツケース一個ずつ下げて寂しく承徳を去っていった。幾十年をこの地で暮らし馴れ親しんだすべてと引き離され、戦火渦巻いている故国に帰る老夫婦の沈んだ顔を見るとき、慰めの言葉も逆の結果になることをおそれ、挨拶の声もかけえない日本人たちであった。

(中略)

(宣教師が去ったのち、彼らの教会は熱河宣教の人々が譲り受けた。その会堂に引っ越しした際の叙述)

福音堂は承徳駅から市街地に入る最初の通りからちょっと曲がりこんだ角にあり、がんじょうで大きな門扉と土塀に囲まれた千坪以上もある広い区域に建てられており、門を入ると左に看門的(門番)の房子(家)がある。中庭を仕切った土塀に沿って道があり、突き当った左側に百人ぐらい座れる礼拝堂が見える。その前から右へ小門を入ると、外院子があり、コ字形に三棟の建物と、さらにその奥に奥院子があって、大きな槐樹が真ん中に生えていて二棟の建物があった、後二道街の建物にくらべると教会堂も住居も一段と大きく、かつ豪華に見えた。
外人宣教師たちは、幾十年間も現住民の中に住み着いていても、彼らの生活や風習の中には一歩も入っていなかったことが、一目でわかるようだった。まして彼らは満洲人や蒙古人の思想や信条の中には、なおさら入れなかったのではなかったろうか。(7)

二橋は、なぜ英国人宣教師が引き上げなくてはならなかったのか、その原因が日本にあることを明示しようとしない。「戦火渦巻いている故国」という表現も、まるで熱河が平和であるかのような印象をあたえるが、熱河では激しい長城戦が繰り広げられていた。長城戦遂行のため敷かれた無人区政策によって家を追われた住民たちは、集団部落に囲い込まれ厳しく監視された。抗日分子の疑いがかけられると有無を言わせず連行され処刑されることも日常茶飯事だった。熱河にも「戦火は渦巻いていた」のである。さらに「外人宣教師は中国人の生活、思想を理解しない」という叙述は、日本人こそ中国人の真の理解者であるという意味を言外に含んでいるが、これもまた実態からは程遠い。
三吉や二橋の主観と願望に溢れた回想の一面性は、宣教師資料にも示されている。たとえばあるアイルランド長老教会宣教師は、東亜伝道会の山下を次のように評している。

満洲に長く住んでいた山下は中国語を自在に操ることができた。フルトン牧師が奉天にいたところはずっと山下氏とフルトン氏は親しく付き合っていた。そのころ彼は日本の官憲と近しい関係にあった。（一九三五年に中国人キリスト者の大検挙）事件が起きた頃には彼の（政治的）影響力はかつてほどではなくなっており、彼の関心事はもっぱら日本の宣教団体を組織化し、その団体によって満洲基督教会という教会を建設することだった。山下のことを、キリスト者であるよりも政治要員であると見なす人々もいたが、必要な時彼はいつでも日本人官憲とのコンタクトをとる手伝いをしてくれたものである。（中略）山下の運動は、日本の伝道会による満洲伝道を意図するものであった。それはそれで歓迎されるべきであったが、しかしこの発想全体に対する中国側の偏見は非常に強かった。それを日本人は理解することができなかったように思う。実際山下氏の戦略は失敗していた。彼は中国人教会の大会（関東大会）に接触することができなかったのだ。(8)

東亜伝道会の代表者が、関東大会と接触することすらできない状況にあったわけである。こうした客観的状況は当事者の回想からは全く見えてこない。

次に東亜伝道会の教勢統計を検討してみよう。一九四二年四月の統計によれば、東亜伝道会の伝道圏は満洲国内の第一教区、第二教区、第三教区、蒙疆教区、中華民国内の北支教区、中支教区、南支教区、さらに南洋の八教区に分かれ、合わせて七六の教会を擁し、教職者八五名、会員数三三六〇名を数えていた。同年末にはこの数字はさらに増大し、教会数八九、伝道者一一三名、会員総数三五五三名であった。これらの伝道圏が、日本軍が占領した地域とぴったり重なっていることは言うまでもない。

この数字を客観的に判断するには、少なくとも日中戦争勃発時の中国全体の教勢と比較しなくてはならないだろう。直近の統計として一九三三年に発表されたデータを挙げてみよう。一九二七年に設立された中国初の超教派合同教会である中華基督教会の陪餐会員数は十一万九千七百四十名（中国人教職者数四四二名、外国人宣教師数一一七九名）と最も多く、次いで内地会の七万七千二百七十名（六二名、一三二六名）、メソジスト教会の四万五千九百八十六名（四一六名、三〇二名）、中華聖公会三万二千三百九十名（二六八名、五一四名）と続き、中国全体の総陪餐会員数は四十八万八千六百十六名、中国人牧師一八九〇名、宣教師六一〇八名となっている(9)。

このデータから東亜伝道会の教会がある地域だけを拾い出すことはできないのだが、同会の伝道事業が数字の上では特筆するほどではないことだけは確認できるだろう。しかも東亜伝道会の数字にはある種のからくりがある。それは、統計上八九にまで達した教会の中には、太平洋戦争勃発後退去を余儀なくされた連合国側の宣教団につながる教会をそのまま引き受けたものが含まれていることだ。先に上げた二橋の回想で言及されている英国人宣教師は、弟兄団に所属していたが、対戦勃発によって引き上げることになり、あとを二橋らに任せたのであった。

東亜伝道会についてはこれまでも、結果として国策を補完したのではないかという批判があったが、それは中国侵略という時代状況を前提としたもので、第三者としての宣教師の見方や、当時の中国全体の教勢データと言った客観的な根拠に基づいてはいなかった。関係者の回想に寄りかかった見方も問題だが、軍占領下の伝道が純粋であるはずがないという批判もまた客観的とはいえない。宣教師資料や統計資料を用いることによって、これまでの東亜伝道会をめぐる議論を更新することができるように思われる。

(二) 在満宣教師は日本人キリスト者をどう見ていたか[10]

前節では東亜伝道会を中心に論じたが、ここでは日本人教会を牧会していた牧師や、日本人キリスト者一般を宣教師がどのように見ていたのかについて考えてみたい。

スコットランド、アイルランド両教会の宣教師らは、前述の山下以外にも日本人教会を牧会している日本人牧師たちと交流を持っていた。例えば、奉天医学校の副校長を務めていたスコットランド教会宣教医ガーヴェンは、奉天組合教会の渡部守成牧師と友人関係にあった[11]。だがその一方で、渡部を始めとする日本人牧師が、国家に対しいとも簡単に屈服してしまう傾向にあることを鋭く見抜いていた。「満洲国」の宗教統制が厳しさを増し、スコットランド、アイルランド両教会が事実上運営していたキリスト教学校に対する締め付けが、孔子廟参拝強制[12]という形で現れてきた時の渡部の姿勢に対し、ガーヴェンは次のように評している。この時ガーヴェンは、筋を通すためには閉校という選択もありうると考えていた。

（満洲のキリスト教学校が置かれた）難しい状況の中で、こう考える人々もいる。日本の軍国主義はいつまで続くだろうか。もし今私たちが信念を押し通し学校を閉じてしまったら、数年後この困難を抜け出した時に、再び学校を復活させるのは至難の業だろう。今はキリスト教の証を犠牲にしてもこのまま進もうではないか。教会全体にとっての教育活動の価値を考えたほうがいい。

これは日本人クリスチャンの友人たちの姿勢である。奉天日本組合教会の渡部牧師は誠実な助言者で、誰もがやりたがらない、あるいはできない奉仕をキリストにある兄弟として私たちにしてくれている。（だが）彼は私たちが考えるようにはこの問題をとらえていない。日本においてはこの種の問題は、国家の法への服従という次元の問題なので、彼は儀式に行くし、もし彼がキリスト教学校の教師をしていたら、彼の学生たちも連れていくだろう。彼はいま私たちの考えを理解し、彼にできる最大限のことをしてくれている。しかし日本の教会はあげて神社参拝に行っているので、彼にとってはこの問題はさほど深刻ではないのである[13]。

この批判は、ガーヴェンが一九三六年の暮に帰国した折、エディンバラのスコットランド教会海外伝道委員会で行った報告の一部である。それから二年も経たないうちに、「満洲国」は学校制度を整え、キリスト教学校に対し法人化を義務付け、学校教育を一元的に管理しようとした。

中等のミッションスクールが相当する「国民高等学校」の規定[14]には宮城遥拝の義務付けなどが盛り込まれており、これに従うことはキリスト教教育の放棄を意味した。教会側は一度は法人化に向けた検討を始めたものの、その後何度も議論を重ね、最終的にキリスト挙教育の根幹を守るために、教育事業から撤退することを決定した。ミッションスクールが偶像に膝をかがめるという選択は彼らにはなかったのである。

むすびにかえて

日米開戦後、連合国側に属していた宣教師は、帰国組やアフリカやインドなど別の伝道地に移動した者たち以外は、日本を含む各地の収容所（敵国人集団生活所）に収容された。突如頼りにしていた宣教師を失った教会の困惑は小さくなかった。その中には、日本軍の厳しい監視のもと、日本の敗戦までなんとか自力で持ちこたえた教会もあれば、すでに述べたように日本人伝道者が牧会を引き受ける教会や軍の施設に転用された教会もあった。ミッションが運営していた病院も、奉天病院を除いてほとんどが破壊されたり軍用施設として用いられたりしていた。[15]

日本の敗戦によって「満洲国」が崩壊し、つかの間の日常が回復されてくると、かつて共に働いていた宣教師たちの帰還が少しずつ始まった。この報告の最後に、一九四六年四月七日、自分たちの教会（奉天東関教会）を再訪したイギリス人宣教師たちに送られた礼状の一部を紹介したい。本資料は発表者がスコットランド国立図書館（エディンバラ）に所蔵されているスコットランド教会アーカイブから発見したもので、戦後瀋陽市となった旧奉天の東関教会牧師劉懐義がしたためた手紙である。手紙にも書かれているように、東関教会は、聖書の朝鮮語訳で知られるスコットランド教会宣教師ジョン・ロスゆかりの教会である。

私たちの教会はジョン・ロス牧師がその礎を築き、母教会（スコットランド教会のこと）によって培われ成長してきました。しかし日本が我が東北地方を侵略してからは、中国人民に対する圧迫は日に日に厳しさを増してきました。その頃まだ私たちとともにいた宣教師の先生方は、私達に代わって数々の苦難を担ってくださいました。その御恩は今でも忘れることができません。一九四一年一二月八日に太平洋戦争が始まると、宣教師の先生方は相次いで拘留され、祖国に送還されてしまい、私たちの教会は霊的な助けを失ってしまったように感じました。しかし、母教会は私たちを深く覚え祈りのうちに私たちの弱さを支えてくださったので、この四、五年の間私たちは倒れずにすんだのです。全ては神が母教会の信徒、牧師先生たちの祈りに応えてくださったおかげです。日本は中国の教会を最も敵視し、しばしば様々に誹謗し、幾度となく、私たちの礼拝堂を占用し彼らの儀式のために使おうとしました。教会墓地の購入を迫ってきたこともありました。しかし私たちは一貫して神により頼み、彼らの計画を頓挫させ、会堂も墓地も守りきりました。

この書簡から読み取れるのは、中国の教会人が日本の支配をどう見ていたかだけでなく、それ以上に中国人キリスト者が宣教師に対し信頼と感謝の念を抱いていることである。東亜伝道会の最初の教会は、東関教会のある奉天に設立されたわけだが、この書簡は、はたして中国人キリスト者と宣教師が信仰による一致と信頼を築き上げていたその場に、東亜伝道会が伸長してゆく余地があったのかと問いかけているように思える。（実は手紙を書いた劉懐義ほか中国人牧師たちは、神社参拝を行うなど、日本の支配に妥協していたのだが、そのことについては一切触れていない。この点は別途考察しなくてはならないだろう。）

東亜伝道会を中国侵略の協力者であったかのように単純化することは慎むべきだが、関係者の主観的な回想だけに寄りかかった捉え方もまた問題である。この問題を回避し、東亜伝道会を複数の角度、視点から捉え直すうえで、第三者に近い位置にいた宣教師の報告書、手紙等は非常に有用である。宣教師資料がさらに広く用いられれば、東亜伝道会だけでなく、「満洲国」の宗教統制の実態もより詳細に明らかになるだろう。

注

（1）詳細については、拙稿「満洲国におけるキリスト教教育と『国民道徳』—孔子廟参拝強制をめぐって—」（吉訓、伊藤、石井編著『現人神から象徴天皇制へ』刀水社、二〇一七年、第九章）を参照されたい。

（2）クリスティにかんしては、本文中に示した『奉天三十年』（クリスティ著、矢内原忠雄訳、岩波書店、一九三八年）のほか、次の論文が参考になる。
D.S.Crawford, Mukden Medical College（1911 – 1949）: an output of Edinburgh medicine in northeast China. Part 1: 1882–1917; building the foundations and opening the College, Part2: 1918–1949; expansion, occupation, liberation and merger, Royal College of Physicians of Edinburgh, 2006; 36:73–79; 179–184.

（3）拙稿「一九世紀末から日中戦争終結までの中国と日本の教会」『はじめての中国キリスト教史』第六章（かんよう出版、二〇一六年）でより詳しく論じている。

（4）本章の内容については、注（3）の拙稿に加えて、以下の拙稿に詳しい。「満州プロテスタント史から見た東亜伝道会と熱河宣教」（荒井、張、渡辺著『日本の植民地支配と「熱河宣教」』いのちのことば社、二〇一一年）

（5）「満洲国」政府による孔子祭参列強制については、注（1）にあげた拙稿で詳しく考察している。

（6）詳細については、注（3）および（4）にあげた拙稿を参照されたい。

（7）熱河会編『荒野をゆく　熱河・蒙古宣教史』未来社、一九六七年、九〇―九一頁。
（8）Austin Fulton, *Through Earthquake, Wind and Fire*, The Saint Andrew Press, 1967, p.96-97.
（9）『中華基督教会年鑑』第一二期、一九三三年。
（10）以下の拙稿で、在満宣教師と日本人キリスト教指導者たちとの関係を考察している。「『満洲国』における教会合同について」『富坂キリスト教センター紀要』第九号。
（11）当時「満洲国」には日本基督教会、日本組合教会、日本メソジスト教会、聖公会、きよめ教会、聖教会、救世軍があり、奉天及び新京にはこれらにすべての教会があった。日基の奉天教会牧師は林三喜雄。『日本基督教年鑑』昭和一六年（一九三四年）。ちなみに日基の新京教会牧師は石川四郎で、彼は日本基督教団の「満洲国」版である「満洲基督教会」の設立に尽力し、同教団の長を務めた。
（12）孔子廟での参拝強制については、前掲「満洲国におけるキリスト教教育と国民道徳――孔子廟参拝強制をめぐって」を参照のこと。
（13）Notes of a Speech Made to the Convener's Committee of the Foreign Mission Department of the Church of Scotland at 121 George Street, Edinburgh on Tuesday, 29th December 1936. International Missionary Coucil Archives, 265026.
（14）「国民高等学校規定」一九三七年一〇月一〇日制定、一九三八年一月一日施行。
第一条
一．建国の由来及建国精神を明徴にするとともに訪日宣詔の所以を知らしめ以て日満一徳一心不可分の関係を深く体得せしめ、忠君愛国、孝悌仁愛の至情及民族協和の美風を涵養し、国家社会に奉仕するの責務を自覚せしめ、労作により勤労愛好、職業尊重、実践躬行の精神を錬成し以て中堅国民たるべき信念を養わんことを期すべし。

第二十六条

二、校長、教師及び学生は、御容に対し最敬礼を行う　御容を奉戴せざるときは帝宮の方向に向かって遥拝す

紀元節、天長節及び明治節には左の式を行うべし

一、校長、教師及学生は日本国歌を合唱す

二、校長、教師及学生は日本　皇居の方向に向かって遥拝す

(15)　この間の状況は、スコットランド国立図書館所蔵スコットランド教会アーカイブに所蔵されている資料"A Brief Report of the Work of the Mission Hospitals in Manchuria during the War Time. 1941 December to 1946 April."に詳しい。

第八章　日韓漫画にみる歴史認識とキリスト者

佐島　顕子

神は、その独り子をお与えになったほど世を愛された。（ヨハネ三：一六）

はじめに――キリスト者であること

一五四九年に鹿児島出身のアンジロー（あるいはヤジロー）に導かれてイエズス会（Society of Jesus）の宣教師ザビエルが日本に上陸したのが、日本へのキリスト教宣教の開始である。戦国時代から豊臣秀吉の列島統一にあたる一六世紀後半は、災害や飢饉が厳しい不安定な時代でもあった。そのような環境で、多くの人々が身分を問わずにキリスト教信仰を自分のものとして受け入れた。

そのため広範な地域の多数の信仰者の数に聖職者の数が追いつかず、多くの地方教会は定住司牧者がなく、数ヶ月に一度、あるいは一年、または数年に一度の聖職者の巡回を待ちながら信仰生活を送った。

江戸幕府の約二五〇年に及ぶ禁教下でも、聖職者無しにキリスト教信仰を受け継いだ地域が数多くあることが知られている。それはキリスト教信仰が自由であった時代からすでに、聖職者不足という限界ゆえに、「個人」としての信仰を持つキリスト者同士が「組」を組織して信仰を互いにかえりみ助け合いながら生きるよう、宣教師に指導されていたからである。信徒共同体の「組」、すなわち「主にある教会」が存在していたのである。

キリスト教受洗はゴールではなく、長い信仰生活のスタートである。

聖職者の手厚い司牧なしに信仰生活を続けられるようにと、教理書が頒布されて積極的に活用された。

日本語の教理書『どちりいなきりしたん』(1)は広く読まれたが、信仰の本質を次のように教えている。

一、神《デウス》を万事に越えて御大切に敬い奉るべし。
二、我が身の如く隣人を思え。
（神を何ものよりも愛して敬うこと。

自分の身体のように隣人を大切に思うこと。）

マタイの福音書二二章三七、三九節の黄金律である。この教えを実践するために不可欠なものが「敬虔《ぴえだで》（Piedade）」という「御与え（神の恩寵）」であった。信仰実践の土台として神から頂く「敬虔」について、イエズス会創設者イグナチオ・デ・ロヨラ（Ignacio López de Loyola）は『霊操（Exercitia spiritualia）』で、次のように書いている。

神が自分を愛してくださったことを知る。
その神との深い交わりに達する。
神が愛しておられるすべての人に対する自分の使命を自覚する。

この、神の前において自分がするべきことを知る、それが「ほんとうの自分に目覚めること」だと解説したのである(2)。

すなわち、神が独り子をお与えになったほど私という個を愛されたことを知って信仰を持てば、神との個人的な交わりを結ぶようになる。その交わりの例のひとつとして、次のような方法が教えられた。

寝床から起きたら、神様のご恩を思い、御礼を申し上げましょう。
その日、御掟を背《そむ》かず、御心《みこころ》に従い、身を修めるための御守《みまも》りを頼み奉り、お祈りをしましょう。
寝る時は、その日の心と言葉と行いの糾明（反省）をして、犯した科《とが》の御赦しを乞い奉り、恩寵《がらさ》をもって行いを改めようと思い定め、それに応じたお祈りをしましょう。

このような神との個人的な交わりを通じて、人は敬虔さを与えられる。神を意識して生きる敬虔さのうちにあれば、その神が全人類を愛している以上、自分もまた全人類を愛さざるをえなくなる。ゆえにキリスト者であろうとすれば、隣人を大切にするのは当然のことだと言ったのである(3)。

現代日本でキリスト教信仰を生きようとすれば大小さまざまな文化・社会的ハードルにさらされるが、過去の時代よりは遥かに自由に信仰生活を深められる。だが二一世紀日本のキリスト教界に、信仰実践の根底に敬虔さが必須であるという意識は十分に浸透しているだろうか。

東北アジアの日本の隣人は中華人民共和国・中華民国・大韓民国・朝鮮民主主義人民共和国・ロシア連邦である。歴史認識に発する深刻な誤解と偏見と無理解が生じて対外認識を悪化させ、それにともない偏狭な自国文化主義がマスコミを通して流布される現実である。キリスト者は地の塩である。世論をリードする位置にはいないとしても、キリスト教的価値観はキリスト教主義学校教育を通じて長らく日本社会に影響を及ぼしてきた。

では日本のキリスト者は、神が他国の人々を我々と同じく愛しておられるゆえに、という敬虔さをもって隣国を愛しているだろうか。

筆者は一六世紀末の豊臣秀吉による朝鮮侵略・対明戦争とその三国間講和交渉を主として研究しつつ、その認識の矛盾を史料から読み取ってきた。そして、四〇〇年前の軋轢が現代にもつながることを意識させられた。そこで、次代を担う若い世代の意識や主張が現れやすいメディアとして（読者も作者も若年層であるため）、日韓の漫画に現れる歴史認識を検討するようになった。拙稿ではその結果を紹介しつつ、現在の日本のキリスト者に求められる資質について考えてみたい。

一　日本の歴史認識状況

日本の経済力の低下は、戦後社会に民主主義が根付いていなかったことを暴露してしまった。好況時は、たとえ「たてまえ」に過ぎなかったとしても、少なくとも国際協力・隣人愛・正義と公正は社会的に意味を持つ「ことば」であった。

冷戦終了と九・一一後の日本社会に現れた深刻な問題は、個人に対して「隣人を愛さないように促す力」が破格的に大きくなったことである。政府・マスコミによる軍事的緊張の誇張、ヘイトスピーチ・各種ハラスメント・社会的差別・歴史的事実歪曲について、多くの人は警戒感を持った。しかし、それらが批判されることなく横行するのを見続ければ、人は他者とのコミュニケーションを恐れるようになる。互いを疑い恐れ、孤立することは、「真理はあなたたちを自由にする」(4)の真逆である。偏見と無理解と恐怖と孤独は人間を縛って自由を奪う、非常に危険な状態である。

(一)日本漫画『進撃の巨人』のヒット

『進撃の巨人』(5)は、城壁の内側に住む人類と、外部から襲いかかり人間を喰う全裸巨人との闘いを描いている。現在の設定やストーリーは多面的かつ複雑に進行しているが、作品開始時の特徴は、人類は城塞都市で暮らし、城壁の外をうろつく「全裸」で「人喰い」の巨人とは会話が通じない点であった。

この作品を熱狂的に受け入れた二〇一〇年前後は、竹島(独島《トクト》)問題・尖閣諸島問題が大きく騒がれた時期である。『進撃の巨人』の作家の意図は別として、「日本の中にいれば安全だ」「外国は日本の脅威だ」「外国とはそもそも話が通じない」と恐れる日本社会の空気が、この作品を支持した面がある。勿論、漫画作品として優れていたことは確かである。

二〇一五年八月に封切られた実写映画版『進撃の巨人』は、長崎市端島(軍艦島)でも撮影され、しかも同年七月に端島は「明治日本の産業革命遺産」のひとつに認定された。その結果、軍艦島は『進撃の巨人』撮影地かつ廃墟観光地として広く知られるようになった。

しかし『進撃の巨人』愛読者や世界遺産探訪者向けに端島炭鉱での強制労働という歴史的事実

を説明するメディアは少数である。日本政府は海外では強制労働の事実を認めざるをえなかったが、国内メディアには「強制労働はなかった」と公言し[6]、右傾的マスコミやインターネット上の強制労働否定言説を底支えしている。

（二）日本漫画『神の雫《しずく》』の韓国編

ワインを主題とした漫画『神の雫』[7]は、韓国でもワインブームの波にのって翻訳版がヒットした。その韓国での熱い作品支持に応えるように、第一三巻には主人公が韓国出張するストーリーが収録された。主人公は韓国伝統料理と相性の良いワインを紹介し、当時の韓国で高まっていた「伝統文化への自負心」という空気をきちんと把握した好作品である。

作者は主人公に「韓国の人たちを知らない日本人も、一緒にワインを飲んだら好きになる」と言わせることで、嫌韓派日本人が誤った言説を盲信して現実の韓国人・韓国文化に触れないことを批判し、その対策のひとつとして積極的なコミュニケーションの有用性を提言した。それゆえに作者は嫌韓派からの中傷にさらされた。

ただし主人公は、「いろんなことが過去にあって、そのことが未だにわだかまりになっているのは知ってるけど、でも過去より今、今より先の未来を見なきゃって思う」とも述べる。この言葉はけっして「未来志向」ではない。この明敏な主人公ですら「過去」を見たくはないと言ったのである。

それは、「戦後五十年を過ぎ、当事者の世代はいなくなるのだから『過去のことは一応終わりにしよう』というのが常識ではないか」(8)という日本社会の底流にある言説とも通じる。言い換えれば「被害者が死に絶えるのを待つ」のである。これは日本国内の公害・薬害訴訟などでも同様である。そこまで言うほど、我々は「過去」に禁忌と怖れを持つ文化に浸っていることに、少なくとも自覚的でありたい。

(三)　ナショナリズムと「弱い個人」——行動基準は好き・嫌い

個人として成熟した人間は、「好き／嫌い」という感情とは別に、物事を論理的に判断してそれを優先する。しかし最近の日本の若い世代は「好き／嫌い」を判断基準にしたがる傾向が見られる。すなわち、「個」が未成熟だというべきであろう。韓国に「反日」という言葉があるとすれば、日本のそれは「嫌韓」という感情的な漢字が当てはめられていること自体、その本質がうかがえる。

二〇〇四年、日本がアジアでかなり遅れて韓流ブームにのった時、韓流ファンは歴史を含む韓国文化理解までいけるかどうかが、研究者の間で盛んに議論されたことがあった。

実際には韓流をドアとして、その後隣国と深い絆をつくる人々は非常に多かった。

しかしながら「個」が未成熟なままのファンの場合は、来日韓流スターが日本語を上手に話すほど高評価し、「竹島（独島）について日本政府見解と違う意見を持つ」ことが報道されれば、「彼は、日本すなわち私を嫌いだ」と短絡的に怒ってファンをやめる傾向が根強い。そこには自分がスターを好きな以上、スターにも日本を「好き」でいてほしいというナイーヴなファン心理がある[9]。

スターはファンの支持に感謝はするが、ビジネスとしてエンターテインメントサービスをしているだけだ、という真実に耐えられない幼さでもある。ファンのプライドとは、世間から「追っかけ」「ミーハー」と揶揄されても揺るがないスターへの盲従である。わがスターが「独島は韓国だ」と言うならば「そうだ、そうだ！」と同調してこそ真のファン。ところが、少なからぬファンが突如として彼を捨ててナショナリズムへ逃げ込んでしまった。彼女たちは日頃ＴＶで国会中継ではなく、韓流ドラマを見ていたのではなかったのか？

（四）罪意識の欠如＝歴史的理解の薄さ

歴史的加害行為について、日本ではしばしば「何度謝ればいいのか」という言葉が世論に上る。そのこと自体が、「謝ることは、赦されるまで続けるもの」という真理がわかっていないことを示す。

ドイツと違い、敗戦直後に戦争と植民地支配について整理できなかった日本で、七〇年以上経ってから歴史的事実を整理して共通認識を作ることは非常な困難をともなう。そこにはＧＨＱの占領方針も影を落としたが、「日本列島外での戦争・植民地支配」だったことも大きな要因であった。日本の文化的特性、「外の出来事は家の中に持ちこまない」という「常識」も、歴史の語り継ぎを薄めた要因である。

さらに、『アンネの日記』は国語教科書にも掲載され、ドイツの強制収容所跡見学に関心を持つ日本人も多い。しかし福岡県内にもある多くの強制連行（徴用）炭鉱の記録・保存には消極的である。[10] 李相業《イーサンオプ》氏の『日帝強制徴用の手記　死地を越え帰郷まで』という強制徴用手記の日本語訳版も、日本ではなく韓国で出版される現状である。[11]

二　韓国文化における加害歴史との向き合い方

（一）　未来志向は、問題解決のため

韓国の小説『華麗なる休暇』[12]で、日本の文化を好む韓国人ヒロインは「未来に向けて私たちは過去は忘れて、隣同士理解しあって仲良くして」と語る。一見、『神の雫』に類似した表現である。ただし、その後に続く言葉がある。「憎んでいて問題が解決したのを見たことある？　これからの世代は対話を通して問題を解決しなきゃ」と。わだかまりや問題のない相手だけを隣人にするのではない。むしろ問題があるからこそ隣人関係をつくる必要がある、という姿勢を韓国では「未来志向」と呼ぶのである。

（二）原罪——人は罪を負えない

人間の原罪を描いた少女漫画『森の名前（숲의 이름）』[13]は、二つの人物類型の葛藤を描いて一九九七年度韓国出版漫画著作賞を受賞した。主人公の大学生の祖父は、植民地時代には対日協力者として生体解剖に関与し、朝鮮戦争（韓国戦争）では村人を虐殺して財産を横領することで韓国の財閥総帥にのしあがった人物である。作品の冒頭は、祖父を狙った被害者の復讐の刀がそれて、祖父の脇にいた孫の大学生を傷つけるという象徴的なシーンである。

「自分は何もしていないし何も知らないのに、しばしば『罪の代価を払え』と責められ襲われる」ことに主人公は悩むが、やがて、自分の安定した生活と将来が祖父の加害の歴史の上に成り立っていることを悟り、祖父の過去を調べはじめる。

同じ頃、祖父のほうは、過去を知る人々を皆殺しにすれば孫の将来を守れると考え、実行に移す。祖父と孫の、「過去を暴くか、伏せるか」の葛藤がミステリー仕立てで作品は進行する。

この祖父の思考は「過去への怯え」にも通じる。その背景には「戦争や虐殺は、特殊な事件。二度と起きないことだ」と思いたい人間の心性がある[14]。しかし主人公の生活は祖父の行為の結果である。また祖父が戦争を利用して村民虐殺に及んだのも、祖父の貧しかった父親が村全体から殺されたことへの復讐でもあった。人間の欲望・略奪・殺戮・復讐は連綿と続いていく。

この作品のタイトルにある「森」とは、人が罪を隠した森を意味する。人は森の奥の桜の樹の下に罪（屍体）を埋めると、何食わぬ顔をして明るい世間に戻って行く。桜の樹の根は屍体にからみつき、白い花を咲かせてはらはらと散っていく。いつか屍体が消えて樹の下を掘っても何もなくなっている時まで、桜の花は散り続ける、というイメージが繰り返し作品には現れる[15]。

加害行為を他人のせいにし、あるいは加害の事実さえ忘れた人物、あるいは被害者側の口をふさごうとした登場人物は最終シーンまでに全員が滅びる。ただ、加害と被害の事実を調べて、自分の豊かな生活が四代・百年にわたる加害と被害の連鎖の上に成り立っている現実に慄然とした主人公だけが生き残る。

日本の若い世代もこの主人公と同様に、日本近代史一五〇年の結果を享受している。「明治日本の産業革命遺産」の世界遺産認定に喜びを覚えるなら、少なくともそれが何を踏みつけにして成り立ったのかを知る必要があるのではないだろうか。

勿論、現代の世代が過去を知ったとしても過去は変えられない。しかし我々は将来的に加害行為を繰り返す可能性がある。

そういう罪の連鎖すなわち「原罪」を誰が引き受けられるだろうか。『森の名前』の最後の場面は「代々流された血を飲み込んだ土が悲鳴をあげる。人が犯す罪をいったい誰が背負えるのか?」と、創世記四章を連想させるナレーションを繰り返し、人は罪を隠すことも消すこともできない事実を強調する。そこに、人が神を求める暗示がなされている[16]。

（三）　傾聴——人にできるのは聴くこと

伝奇的な韓国少女漫画の『二人だ（두사람이다）』[17]では、ヒロインの先祖が犯した加害行為で命を落とした被害者の霊が、今も加害者の子孫を呪詛し続けている。

ヒロインの女子高生の家族は、二〇〇年も昔の先祖の加害行為については何一つ知らない。それで、「自分は何もしてないのに、先祖の罪を問われるのは理不尽だ」と呪詛者の霊に反発する。『森の名前』の主人公の大学生が最初に思ったことと同じである。両作品ともに韓国で発表され、日本の読者をまったく想定していないのに、日本の若い世代と共通する心性を持つことは注目される。

『二人だ』は、襲いかかる呪詛の危機をヒロインが間一髪で逃れるサスペンスとして進行し、ついに一家の父親が強力な退魔祭儀を挙行して呪詛者の霊を消滅させようと試みる。ところがその瞬間、ヒロインは理由も聞かずに呪詛者を消し去ることに疑問を持ち、祭儀を中止する。そして彼女たちは呼び出した呪詛者の霊に語らせ、悲惨な被害経験があったことを知る。

これは、霊が一族を責め苛むには、それなりの理由があったはず、という「人への信頼感」をベースにしたアプローチである。そしてヒロインが相手の話にただ耳を傾けていくだけで、問題はほぐれていく[18]。加害者に思い知らせたいという動機が復讐になる。ゆえに何代にもわたって加害者一族の命を奪っても、加害者がその理由を知らないのではむなしい行為である。

呪詛者の霊は加害者側に長い年月ずっと訴えたかった怒りと悲しみを語り尽くす。そして加害者側がその悲憤の深さを悟り、被害者の大きな痛みに心を寄せた時、呪詛者の霊ははじめて慰められ、被害者としての傷が癒された。

（四）韓国漫画家の泰斗・李賢世《イヒョンセ》氏（一九五四年生まれ）の煩悶

漫画家・李賢世の民族主義的な作品『弓』[19]で、植民地時代の抗日青年は伝説の弓で三本の矢を射るが、ターゲット三人のうち日本人は総督府高官一人だけ、あとの二人は対日協力者の朝鮮人である。すなわち、この作品は日本を敵視することよりも、民族の主体性の涵養を重視した作品であった。作者はこの主人公を日本の作家・三浦綾子『氷点』から造形した人物だと述べ、しばしば推薦文学として『氷点』を挙げる[20]。

その一方、韓国の有名漫画家のプロフィールを尋ねたインタビュー集で李賢世氏はこう語る。二六歳だった祖父が日本の警官に射殺され、祖母が若くして寡婦となったこと、李賢世氏自身も厳しい生育環境にあったことから、「日本への否定的な観念は自然に形成されました。もちろん私が死ぬまでには、こんな被害者意識から脱しようと努力しています」[21]。そして日本漫画の韓国流入制限を要求する漫画家たちへは、漫画家団体代表として「文化は制限できない。我々が日本漫画と対抗できる良い作品を描くべきだ」となだめ励ます。

内心では「わだかまり」に煩悶していても公的には正論を通す李賢世氏の前で、日本人が『神の雫』のような言葉を出せるだろうか。

隣人を愛するとは、具体的には李賢世《イヒョンセ》氏の「痛み」を見過ごさないことだといえよう。

おわりに——キリスト者にできること

たしかにキリスト者は日本社会においては少数派である。だが一六、一七世紀に為政者がキリスト教に圧力をかける政策をとった時、少数派だったキリスト者が、その町や村によって保護されることがあった。日ごろの隣人への愛の行為ゆえに、キリスト者は「地域に居て欲しい存在」だったからである。

現代においても、キリスト者は他者からそのように思われる存在になっているだろうか、と考えさせられる。

（一）　神を畏れる——個の確立

イグナチオは、『キリストのまねび』[22]の影響の強い時代の指導者であった。それで神を畏れ、敬虔に神と交わり、キリストに倣う行動が何かを見分けられる、「識別豊かな人」に成長することをキリスト者に期待した。

出エジプト記一章一七節で助産師シフラとプアは、「神を畏れていたので」、加害者になるのを免れた。目の前の状況に左右されず、つねに神を見上げる敬虔さが、ほんとうの自分、識別豊かな人、ぶれない「個」を確立させる。

（二）　赦しを信じる

『神の雫』や『森の名前』の祖父は、被害者のほうが黙ること、あるいは被害者が消えてくれることを望んだ。罪や加害行為が暴露されれば、加害者にとっては破滅しか見えない。だからこそキリストの十字架による罪の赦しがあるのだが、日本のキリスト者もここに確信を置いているだろうか。筆者自身を省みても自信がない。

日本文化においては些細な過失ほど過剰に謝り、そして必ず赦される。裏返せば、赦される程度のことしか謝れないのである。

加害の程度が大きくなると、「口で謝るのは相手に赦しを強要する失礼な行為。謝るのは自己満足に過ぎない」という社会通念すらある。本当に悪いことをしたと感じた時には、「私が安易に謝らないことで、私がいかに申し訳なく思っているかを察して欲しい」という言葉にならない「詫び方」、そして被害者の前から姿を消すほうがよい、とも言われる。

そういう時に被害者側から「謝れ」と詰め寄られると、「相手が怒っているからもう赦されない」と悟り、そのとたん、たとえ罪意識があっても謝罪ができなくなる。

罪の赦しが「ある」と信じられるかどうかが、歴史認識問題を解く鍵ではないだろうか。

一六世紀末、日本文化における罪意識を熟知したイエズス会宣教師が労苦した結晶として、「こんちりさんのりやく」（contrição［痛悔］の利益）という祈りが広められた。

御慈悲は我が科《とが》よりも深く、御子ぜす・きりしとの流したもう御血の御奇特は、我が罪科よりも猶《なお》広大にましますと弁え奉る也（後略）

（神様の愛は私の罪よりも深く、御子イエス・キリストの流された血のありがたさは、私の罪よりもっと広大でいらっしゃることを理解します）(23)

ここでは、人がどんなに大きな罪を犯したとしても、神の愛はその罪よりもさらに広く深いことが教えられる。謝って赦されることを「あつかましい」と感じてしまい、詫びるぐらいなら黙って切腹するか出家するか姿をくらまし、相手との縁を切るほうが謝罪したことになると思う日本人に、十字架の赦しを信じて神とつながり、人とつながり続けるよう励ますことが、一六世紀司牧の最大課題だったことが推測される。

このような歴史をかんがみると、過去を直視すること、謙遜に赦しを請うことの大切さと困難さを同時に感じる。

しかし少なくともキリスト者は「謝罪して赦されようなど、厚かましい」という日本文化から離れ、謙遜ゆえに神の赦しを信じること。それがキリスト者にできる貢献ではないだろうか。

注

（1）『どちりいなきりしたん』（Doctrina Christiana「キリスト教の教義」）海老沢有道《えびさわありみち》他編著『キリシタン教理書』、教文館、一九九三。ただし原文を現代日本語表記に変えた。

（2）狭間芳樹「イグナチオの霊性と宗教の民衆化――キリシタン時代における『民衆』と『個』――」『アジア・キリスト教・多元性』現代キリスト教思想研究会　第一二号、二〇一四。

（3）狭間芳樹「近世日本におけるキリスト教伝道の一様相――キリシタン文書に見る『近代的敬虔』とキリスト教受容――」『アジア・キリスト教・多元性』現代キリスト教思想研究会　第二号、二〇〇四。

（4）ヨハネによる福音書　八章三二節。

（5）『進撃の巨人』諫山創、講談社、二〇〇九年～（連載中）。

（6）髙實康稔「長崎と朝鮮人強制連行」法政大学大原社会問題研究所雑誌　No.687、二〇一六。

（7）『神の雫《しずく》』亜紀直作、オキモト・シュウ画、講談社、二〇〇四～二〇一四。

（8）共同通信・企画記事「靖国参拝を問う」インタビュー（共同通信社ＨＰ　共同ニュース/2001/yasukuni）。

（9）韓流スターでなくてもLady Gagaやジュリア・ロバーツなど欧米スターに至るまで「親日」か「反日」か、その程度はどれほどか、まことしやかに取り沙汰される。

（10）強制徴用体験者のお嬢さんが聞き書きした『アボジのこえた海』（李興燮《イーフンソブ》、葦書房、一九八七）は帚木蓬生『三たびの海峡』（新潮社、一九九二）の小説資料となり、小説は三國連太郎主演で同名映画化（一九九五）もされたが、この作品世界が我々の共通理解となっているかどうかは疑問である。

（11）李相業《イーサンオプ》『日帝強制徴用の手記　死地を越え帰郷まで』（日本版翻訳は、孫にあたる李洋秀《イ・ヤンス》氏による。昭明出版、ソウル、二〇一七）。原書は一九九〇年の『全南日報』社公募「日帝強制徴用手記公募選」入賞作品で、同年一一月一日から一九九一年一月一二日まで紙面連載された。

（12）『화려한 휴가』한태훈 도서출판도설（『華麗なる休暇』ハン・テフン著、図書出版トソル、日本語未翻訳）一九九五。一九九六年MBCドラマ化、一九九七年日本でTV放送。

（13）金辰《キムジン》『숲의 이름』대원문화출판사（『森の名前』大元文化出版社）一九九六、日本語未訳。

（14）テッサ・モーリス・スズキ著、田代泰子訳『過去は死なない　メディア・記録・歴史』、岩波書店、二〇〇六。（Tessa Morris-Suzuki *"The Past within Us: Media, Memory, History".*）

（15）『森の名前』は、梶井基次郎「桜の樹の下には」（旺文社文庫、一九二八）のイメージを効果的に使った作品である。

（16）拙稿「韓国少女漫画『森の名前』（金辰）における人と記憶」福岡女学院大学人文学部紀要一五号、二〇〇五。

（17）강경옥『두 사람이다』시공사、一九九九―二〇〇一（姜敬玉《カンギョンオク》『二人だ』、時空社、一九九九～二〇〇一、日本語未訳）。

（18）パク・イナ박인하は「西洋型怪奇談は、生者に害をなす霊を退治する。しかし韓国型怪奇談は、霊の訴えに生者が耳を傾けることで霊をいたわり鎮魂する」と指摘する。

（19）『弓』（日本版翻訳 岡田理、河仁南、戸田郁子。昌文社、一九八七）。

（20）NAVER BOOK 지식인의 서재／이현세의 서재／인생의 도서 *빙점*（知識人の書斎 李賢世／人生の図書『氷点』）http://bookshelf.naver.com/

（21）"우리 만화 가까이 보기"이현세 인터뷰. 눈빛 一九九五（『韓国漫画を近くで見れば』「李賢世インタビュー」ヌンピッ社、日本語未訳）。

（22）『キリストのまねび』（De imitatione Christi）。

（23）川村信三「こんちりさんのりやくの成立背景と意義」『青山学院女子短期大学総合文化研究所年報』九、二〇〇一。ただし祈祷文の原文は現代表記に変えている。

第九章　反戦の旗を掲げる近代日本キリスト教徒の諸相

朱　虹

はじめに

戦時中、軍国主義思想は一躍して日本政府の主流意識となった。対内的には、日本国民のイデオロギーを統合する道具となり、対外的には、侵略戦争を誘発する動因となったと言えよう。だが、戦争はすべての日本知識人の正義と良知を抹殺することが出来なかった。実際、戦争に巻き込まれた日本社会には主戦論と反戦論がともに存在していたのである。加藤周一は日本の知識人が十五年戦争に対してとった態度を次のように類型化している。第一に、積極的な支持。第二に、消極的な支持のあらゆる段階。第三に、戦争批判と反対。加藤によれば、第一と第三のグループは正反対に位置し、ともに比較的少数の人々によって担われたのに対して、「いくらかの保留、懐疑、少くともある時期からの多少の批判をも含みながら、さまざまな形で戦争に協力した」第二のグループが圧倒的多数を占めたという。[1] ただし、この三つのグループは固定化しているのではなく、外因や内因によって変わる場合もあると指摘しておかなければならない。

総力戦の時代における日本知識人にとっては、国家いわば「運命共同体」への帰属意識が著しく強まった。北河賢三の見解に従えば、戦争協力といっても、戦争国家への参与の仕方が必ずしも一致ではなかった。聖戦の大義を信じ、「翼賛」の姿勢を取る者もいれば、明確な判断を欠き順応や迎合する者もいた。さらに、主戦から反戦へと転向する者も存在していた。転向については、「非転向・偽装転向」と「完全転向」という二種類があった。思想的に「不毛と思われる転向」もあれば、「創造的な転向」もあった。このほか、ごく少数でありながら抵抗の意向を表明する日本知識人も現れた。しかし、彼らの中でも、非戦・反戦の意志を示す者、愛国心ゆえに鋭い国家批判を行う者、「世間」からみずからを遮断して沈黙を守り自己の芸術・学問的世界を堅持しようとする者など様々なタイプが存在していた。[2] 要するに、戦時下の日本知識人の態度は参与、転向、抵抗という多岐多様の意味を有し、しかも相互交錯している場合が少なくなかった。それゆえに、単一的な図式や枠組みだけで戦時下の日本知識人を裁断することは歴史の真相を客観的に語れないであろう。

キリスト教主義は近代日本における三大反戦思潮の一つである。反戦の先頭に立つキリスト教徒の非戦論を考察するには上記の視点が適用できると考えられる。本稿では、「絶対平和主義者」と讃えられる安中教会の牧師――柏木義円（一八六〇～一九三八）、「世界的友愛」の創出をめざすキリスト教社会主義者――石川三四郎（一八七六～一九五六）と家永三郎に「日本人の良心」と呼ばれる無教会主義者――矢内原忠雄（一八九三～一九六一）という三人の反戦思想の形成過程と内実を比較・分析することによって、その異同を明らかにし、反戦を唱えた日本のキリスト教徒の諸相をリアルに把握しようと試みたい。

一　地方教会牧師――柏木義円の「孤憤」

従来の研究では、柏木義円がよく「天皇制の批判者」[3]や「非戦平和のキリスト教者」[4]、「徹底的軍備廃止論者」[5]と位置付けられている。主流勢力がみな「主戦論」に傾けた日本キリスト教界においては異色の存在と言ってもよい。柏木は一八六〇年三月九日越後国三島郡与坂村に浄土真宗西光寺の長男として生まれた。同志社入学をきっかけにキリスト教への信仰を深め、「卑陋」な仏教に比べて、「真誠」のキリスト教が理論面においても実践面においても優れていると自覚した[6]。一八八四年一月に海老名弾正から洗礼を受け、正式に安中教会員となった。同志社卒業後、一八九七年に安中教会の牧師に就任し、伝道に従事する傍ら、翌年創刊した『上毛教界月報』を媒介に非戦論を展開し続けた。

柏木は最初から反戦の立場をとったわけではない。日清戦争期において、西洋文明史観に立脚した熱烈な戦争支持者であった。一八九四年八月一日、彼は「戦争と平和」と題する論説の中で戦争と文明の関係性について「蛮夷の存する所、虐政の行はるゝ所、文明の平均せざる所、是れ戦いを召くの誘因なり」と指摘し、「世界一統の為めには、戦争時に避く可らず」、「文明の目的を以て戦ふの戦は、必ず文明を促さゞるを得ず」と主張した。さらに、日本人が「文明国民」として「一統の時機甚だ遠く文明未だ相平均」せぬ東洋を「造化」する責任を担うことを鼓吹し、「優勝劣敗」と「博愛伝道」という二つの方法を取って統一を促し、「博愛伝道以て一統の時期を促がさゞれば、造化は必ず侵略を以て、戦争を以て、優勝劣敗自然淘汰を以て之を促す可し」ということを唱えた。これらの見解は柏木が日清戦争に対する積極的な姿勢を如実に反映しているであろう。[7] 同年九月一九日、柏木は「再び戦争と平和を論じ併せて宣教師諸君に一言す」と題する論説の中で、日清戦争の開戦原因を説いた。彼の目から見れば、「東洋文明の道途に立塞て野蛮の陋風を担保する」清国はもはや「東洋文明に一打撃を与るもの」となり、「今日朝鮮革新の為めに清国の野蛮的自尊の勢力を挫くは、啻に朝鮮の為めのみならず、亦清国文明の分子を挑発して東洋の進歩を促す所以」となる。[8] 即ち、柏木は日清戦争を手段として、「朝鮮の革新」や「東洋の文明」を推進するという目的に達成しようと期待した。

だが、こうした主戦論は首尾一貫したものではない。日清戦争後、日本社会の発展軌跡が柏木の期待とは裏腹に、国費の膨張、軍備の拡大、憲政の不振、国民品性の堕落などの問題は次々と現れ、その主戦論への反省を促した。日露戦争勃発前の一九〇三年八月一五日に、柏木は「非戦論、国是論」という一文を『上毛教界月報』に掲載し、「武力的不自然の膨張」が必ずしも「平和的膨張の自然の結果」をもたらすわけではないと述べ、ロシアとの戦いを日本の「国是を永く決する」ことと位置付け、「今日開戦を主張する者は、軍国的精神を以て我国是の根底と為し、国民の自由と、権利と、安寧と、幸福と、内治の改善とを犠牲とし、国民をして平時は軍費を造くるの器械たらしめ、戦時は国家の為めてふ名と無理情死するの一種の奴隷にたらしむるの覚悟」を持たなければならぬと警告した。こうした発言から柏木は盲目的な主戦論のまどろみから目覚めつつ、対外拡張へ狂奔する日本政府を支持しなくなった姿勢が多少窺えるであろう。彼は軍備競争を「利己的」な「武力的帝国主義」とし、キリスト教を「忘己的」な「精神的帝国主義」と見做し、アメリカのように「主義」、「思想」、「真理」、「人道」たるキリスト教を以て世界一統を望んだ。さらに、「世界の戦争を根本的に絶滅せんと欲せば、唯世界の文明を平均するあるのみ」と提唱した(9)。日清戦争から日露戦争に至って、柏木の戦争観が百八十度転回した。また、戦争と文明の関係性に対する認識においても、目的と手段が逆転していた。つまり、日清戦争期においては、戦争を通して文明の普及を実現しようとしたが、日露戦争になると、文明の普及を通して戦争を根絶しようとした。

勿論、柏木の非戦論はひたすらキリスト教精神に基づくものではなく、トルストイの感化や社会主義者の影響も受けていた。彼は「尊敬す可き露西亜人――非戦主義のチャンピオン」と題する一文の中で次のように述べている。

トルストイ伯一派の非戦論は宗教の精神よりするの非戦論なり、故に精神の悔改を絶叫す。社会主義者の非戦論は社会の経綸よりするの非戦論なり、故に社会組織の根本的革新を唱道す。精神なき経綸、経綸なき精神、共に未だ以て其目的を達す可らず。吾人は此方面に於ても亦社会主義と基督教とが相抱擁して世界より戦争の罪悪を根絶し去らんことを欲するなり[10]。

即ち、柏木はキリスト教精神と社会主義をともに自分の非戦論の論理ベースにした。ただし、日露戦争期における彼は「世界意識、人類意識有之と同時に、亦国家意識、国民意識有之、今や既に日本丸と露西亜丸と衝突致候上は、日本丸にして覆没致候はゞ乗組人（日本人）皆溺没せざるを得ずとて、日本の戦争を支持するの矛盾をも時に致す候」という複雑な心境を抱えていた。まさに彼自身が指摘したように、当時の非戦論、平和論は未だ「理想論」や「空論」に過ぎなかったであろう[11]。

柏木の非戦論は国際情勢の悪化につれて深まりつつあった。第一次世界大戦が終戦して間もなく、柏木は「日本国是の根本的立直し」という論説を発表し、「軍備減縮」を唱えた。彼の見解によれば、日本の最大要務は「従来軍備偏重の政策を根本より改め」、「思切て大に軍備を縮小し、世界平和の唱首となる」ことにあり、軍備偏重の政策を改めない限り、「国力薄弱」な日本がまず「国家破産の危険」を招くという。さらに、日本が「思切て軍備を縮小し、世界の平和を切望するの誠意を示」すことによって、「世界軍備縮小の勢を促し、世界の平和を確立するの効果」を高めようと提言した[12]。要するに、第一次世界大戦後、柏木の非戦論はもはや「理想論」や「空論」に止まらず、より具体的な反戦論理を説いたのであろう。

一九三一年九月一八日、満洲事変が勃発した。キリスト教界の主流勢力がみな主戦論に流れ込んでいく。茂義樹の考察によれば、一九三〇年代の『基督教世界』にみられるキリスト教ジャーナリズムの主な流れは政府、軍部のお先棒を担ぐだけに終わっており、満洲国の成立後は何らの批判を行わない[13]。それに対して、柏木は依然として反戦の先頭に立って、非戦論を唱え続けた。同年一〇月二〇日に刊行した「宜しく満州の駐屯兵を撤す可し」という論説の中で、「真に世界の平和を来らさんと欲する者」に対して、「日本の他国の駐兵撤棄を主張す可きである」と助言し、日本軍の満洲占領を否定的に捉えた[14]。さらに、「領土の慾は無之只特殊権益を擁護するのみ」という軍国主義者のたてまえを疑問視し、「外国における特殊利権など申す事に一部資本家とその階級を益する位のものにて一般民衆を益すること余りに無之、反って世界平和の脅威」となるという真実を喝破した[15]。つまり、柏木にとって、いわゆる「特殊権益」の確保は単なる日本の中国侵略行為を隠蔽する口実に過ぎなかった。

満州事変の解決策として、柏木は「支那問題私見」において「大正四年の二十一ヶ条を更に改めて支那と再交渉する」ことを提議した。その方法としては、次の二点が挙げられる。一つは「東洋に野心の無い瑞西やスカンヂナビヤの国々の如き小国に依頼する」こと。もう一つは「ヘーグの国際司法裁判所なり連盟の仲裁々判に委ねる」こと。[16] 上述の発想から柏木の非戦論にはキリスト教精神と社会主義のほかに、小国主義も内包されているということが読み取れる。小国主義を唱える彼は満洲撤兵を主張する一方、満洲国の成立を容易に認めた。そのうえ、中国における小国分立という構想を提案した。彼は「大国主義か小国主義か——鶏肋漫筆」において、「真に世界の平和を楽しみ、国家の安静を欲する聡明なる国民は須らく小国主義に安んず可き」で、「元来統制の能力に欠けて居ると見らるゝ支那の如きも、何を苦しんでか大国たるの必要が有之候や。小国に分裂して各々其堵に安ずることそ反って幸福に候はずや」と自分なりの考えを述べた。[17] 柏木は日本軍の満洲占領を批判する一方、「小国分立」の構想を無批判的に中国に援用し、満洲国の成立に賛同する姿勢は反って日本の中国侵略行為を間接的に肯定するように見えてくる。それはまさに彼の非戦論に潜む曖昧性と矛盾性を端的に示すものであろう。

柏木は戦争批判を展開すると同時に、平和世界の構築方法も考案した。彼は「大国主義の虚栄——鶏肋漫筆」という一文の中で次のように説いている。

大国主義の虚栄より覚め、弱小民族の独立を重んじ、小国の静安を楽しみ、不合理なる土地私有を廃して全世界到る処に移民の自由を許し、関税の障壁を撤去して門戸開放機会均等、国際司法裁判所に対する応訴義務を全世界の国家に負はしめ、更に一層国際連盟の権威と能力とを増し、尚ほ国際軍を組織して大に各国の軍備を縮小せしめ、基督教が全く国境を超越して世界の人心を一和せしめ候はば、斯くして世界の平和は来ること丶存候[18]。

即ち、柏木が提示した平和世界の構築方法にはキリスト教精神や社会主義、小国主義など様々な論理が含まれている。それは互いに融合して彼の非戦論の論理ベースを築き上げた。柏木の非戦論の陣地たる『上毛教界月報』は一九三一年から一九三六年にかけて凡そ一一回の発禁を受けている。発禁理由については、「反戦記事」、「反戦思想ヲ鼓吹煽動」など「反戦的筆致アルニ因リ禁止」が一番多く、一一回のうち四回を占めているとされる[19]。それにもかかわらず、『上毛教界月報』が廃刊になるまでに、柏木は地方教会の一牧師として果敢に非戦論を唱え続けた。実際、柏木による批判の矛先が日本軍部だけでなく、日本キリスト教界にも向かった。彼は「孤憤」という一文を書き上げ、日本キリスト教界が「平時は平和論、有事の日には軍事行動支持」をする「無定見無節操[20]」な戦争協力行為を猛烈に非難し、さらに、「無戦世界」の実現を目指して、日本をはじめとする全世界の基督教徒に向けて奮起を喚起しようとした[21]。だが、それは日本キリスト教界にほとんど影響を及ぼさず、「孤憤」状態のまま沈静化していく。また、日本当局による言論弾圧や小国主義思想に内在する矛盾性なども彼の非戦論の社会的影響力を大いに制限したと言えよう。一九三八年一月八日、柏木は日中戦争の最中に世を去った。

二　キリスト教社会主義者――石川三四郎の「沈黙」

「明治の幸徳秋水、大正の大杉栄と並べて昭和のアナーキズム運動の代表的理論家」と讃えられる石川三四郎（筆名は石川旭山）は明治時代においては「誠実なキリスト教社会主義者」であったと言われる。(22) 一八七六年五月二三日、石川は埼玉県児玉郡山王堂村の船着問屋の三男として生まれた。一八九八年に上京し、東京法学院（中央大学の前身）に入学した。在学中、仕事や恋愛など一連の打撃を受けて、キリスト教に近づくようになった。彼は『自叙伝』において入信の経緯を次のように述べている。

悩みに堪えず、何時とはなしに、耶蘇の教会に足を運ぶようになりました。はっきり意識したわけではないのですが、「救い」を求めて行ったのです。そしてかつて経験したことのない光明と元気とを与えられたのが、本郷教会の海老名弾正先生の説教でありました。私は全我を傾けて海老名先生にに没頭しました。そして洗礼を受けました。それは東京法学院を卒業する少し以前のことでした。(23)

即ち、石川は個人的な慰藉を求めるために教会の扉を叩くようになった。東京法学院卒業の翌年、一九〇二年三月三〇日に柏木義円と同様に海老名弾正から洗礼を受けた。実は海老名弾正の門下に入る前に、石川は既に内村鑑三が創刊した『独立雑誌』を通じてキリスト教と接触した。しかし、海老名弾正によって「始めて心を基督教に傾けた」のである。彼は内村を「発心の師」とし、海老名を「再生の父」と見倣した[24]。石川の生家は板垣退助を礼讃する熱心な自由党一家である。彼は少年時代から急進的自由主義者が醸し出す社会変革への熱情に深く感化されていた。しかし、人生の悩みは反ってキリスト教への信仰の深まりを促すものとなった。石川は『自叙伝』において当時の心境を次のように述べている。

私は前にも申しましたように、一五、六才の時から社会主義や無政府主義のことを教えられ、学生時代から新聞や雑誌に「ソーシャリズム」を主張した文章を寄せたりしていました。しかし、本当に人類社会への献身と言うことを教えられ、全我をそれに傾倒しようとする情熱を養われたのは全くキリスト教によってでした。海老名弾正氏の「武士道」という説教などにはどの位感激せしめられたことでしょう[25]。

即ち、社会主義とキリスト教主義はともに石川の思想形成に大きな影響を及ぼした。一九〇二年一一月、彼は花井卓蔵と堺利彦の紹介によって萬朝報社に入社し、キリスト教社会主義者としての道を歩み始めた。翌年、萬朝報社を退社し、非戦の論陣を張る幸徳秋水と堺利彦が設立した平民社に入り、非戦論を説き始めた。石川は海老名より深い薫陶を受けたが、その戦争観に敢えて同調しなかったことに注意されたい。日露戦争に対して、両者の意見が対立していた。一九〇四年、海老名は「聖書の戦争主義」という社説を発表し、「今や日本は軍国多難の時機、一国を挙げて戦争に熱中するの時に際し、大胆にも一派の論者は堂々として非戦主義を唱道しつゝある」という現象を目にして「奇観」と捉え、次のような問題を設定した。

日本の社会が能く此等の論者を包容し得るは、慥かに其の健全なる発育を遂げつゝあるを証明するものとして、吾人は寧ろ此の奇異なる顕象を歓迎せんと欲するもの也。然るに此の非戦論者中にはクリスチャンあり。是れ頗る注目すべき事実にして、基督教は果して非戦主義を教ゆる者なるや否やは、此際に於て大に討究すべき好箇の問題なりと信ず。故に吾人は聊か聖書と、戦争との関係に就きて卑見を述ぶるところ有らんと欲す。主戦非戦何れが果して聖書の教訓なるか、請う吾人をして虚心平気に之れが研究に従事せしめよ。(26)

海老名は聖書に依拠してキリスト教と戦争の関係性を説こうと試みた。彼の論に従えば、「モーゼの五経を初めとして旧約聖書中の歴史の大部分は、概ね皆戦争史」であることに対して、新約聖書は「一方に於ては毫も戦争を否認することなく、他の一方に於ては極端に之を否認する」こともあるという二面性を持つ。(27)この新約聖書の二面性について、海老名は霊的王国には戦争否定、政治的国家には戦争肯定という二元論を持ち出し、「彼の妄りに戦争の悲惨を厭うて非戦論を唱うる者、未だ以て基督の精神を解する能わざる者也」と論じた[28]。さらに、「人道の見地より見たる日露戦争」という一文を著し、「日軍の勝利は則ち文明の勝利なり、人道の勝利なり」と称賛した[29]。上記の言説から海老名は日露戦争に対して賛成の立場を取ったことが明確に窺える。

一方、石川は『平民新聞』に「最末の兆」という一文を公表し、海老名と異なる論調を次のように展開している。

政界の腐敗に次で万民の堕落は来りしに非ずや、産業の萎靡田園の荒蕪、飢餓の悲鳴は起りしに非ずや、然も万民愚にして其罪を覚らず、暴動は日々に猛烈を極む、日露の闘争は実に其極度に於て激発せられたり、列国は悉く武装して立てり、国民の危惧は益々高まれり、社会の動揺は根底より起れり、而して会々憂世の士あり、切に狂瀾を既倒に回らさんことを説くや、威力忽ち来って之を襲う、嗚呼キリスト、イエスが告げたりし「末の兆」は得て尽されたらずや[30]。

即ち、石川は日露戦争に対して強烈な危機感を抱き、「最末の兆」と見做した。こうした戦争認識は社会主義者により近づいていると言えよう。「非戦主義」と「社会主義」を掲げる平民社は一九〇五年九月五日に起こした日比谷焼打事件の関連で政府の弾圧を受けて解散された。同年一一月、石川は安部磯雄や木下尚江らと共同でキリスト教社会主義を標榜する『新紀元』を創刊した。日露戦争勃発後、彼は『週刊平民新聞』と『新紀元』において「仁愛と国家」（『週刊平民新聞』第三〇号、一九〇四年六月五日）や「愛国心と愛他国心」（『週刊平民新聞』第三一号、一九〇四年六月一二日）、「万国幸福の秘機」（『週刊平民新聞』第三四号、一九〇四年七月三日）、「天地に奏する音律に聴け」（『新紀元』第二号、一九〇五年一二月一〇日）、「平和主義大観」（『新紀元』第三号、一九〇六年一月一〇日）など一連の反戦論説を公表した。とりわけ「平和主義大観」において、平和の門を開く方法は「内よりする愛の福音の宣伝」と「外よりする平等自治の社会の建立」という「内外協同の事業」であると説いた[31]。つまり、石川はキリスト教伝道と社会組織改革を通して平和の世界を構築しようと企図した。上述のとおり、日露戦争期における石川はキリスト教社会主義者として反戦の立場を貫いた。だが、この時期の非戦論は未だにキリスト教の道徳的な色彩を強く帯びる傾向を否めない。

一九一〇年五月より、石川は大逆事件の関連で一時期拘禁された。一九一三年、当局による厳しい弾圧のなかヨーロッパに亡命した。滞欧中、『萬朝報』の特派員として一九一三年から一九一六年にかけて約三〇〇編の通信を書き上げ、第一次世界大戦の実況を記録した。興味深いことに、戦況の進展に伴い、石川が次第に非戦から対独戦争支持に傾いていく様子が見られる。ツィメルヴァルト会議が開かれた後、ヨーロッパ社会主義者の間で即時講和論に反対し、ドイツ撃つべしという主張が高まってきた。クロポトキンをはじめ、ヨーロッパの著名な十五名のアナキストが一九一六年二月二六日に「十六人宣言」と呼ばれる声明を発表した。石川もそれに署名している。では、石川はなぜ戦争協力を主張するこの声明に署名したのであろうか。米原謙の考察によれば、石川の非戦論から主戦論への移行にはエルヴェの影響が大きいという[32]。また、石川の署名行動は日本のアナキストの強い批判を招いた。これらの批判を受け止め、彼は一九二九年に『自由連合新聞』に「十六人問題に就て」という一文を寄せて、次のように弁明している。彼によれば、自分の家に強盗が入り、家人が凌辱を受けるのを見ては平和主義などと言っていられない。強盗を追い払うまで戦うというのが「十六人宣言」の趣旨で、日本軍が国境の外へ出ていった日露戦争とは場合が違う。つまり、石川は侵略戦争たる日露戦争を否定する一方、自衛戦争たる第一次世界大戦を肯定している。また、「国際戦争を単に帝国主義又は資本主義の衝突と見るのは、ボルシエブヰキ又は旧式の社会主義の見方である。此頃のアナキストはそれよりも、もつと深く戦争を研究してゐる。戦争は資本の起こる前から、帝国主義の起こる前から、行はれて来た。欧州大戦も決して資本主義の衝突とは言へないと、多くの無政府主義者は説く様になつてゐる。従つて是れからの戦争防止の方法は変つて来なければならない」と論じ、「無抵抗主義的非戦論」への研究を提起した[33]。上記の論説から石川の「主戦論」の特質が鮮やかに表象されていると言えよう。即ち、彼は戦争そのものを否定するのではなく、侵略性をもつ帝国主義・資本主義戦争のみを否定しているわけである。それ故に、彼の戦争観は戦争の性質によって変化を見せるわけである。

もう一つ注目されたい点は石川の満州事変批判である。彼は自ら創刊した『ダイナミック』で

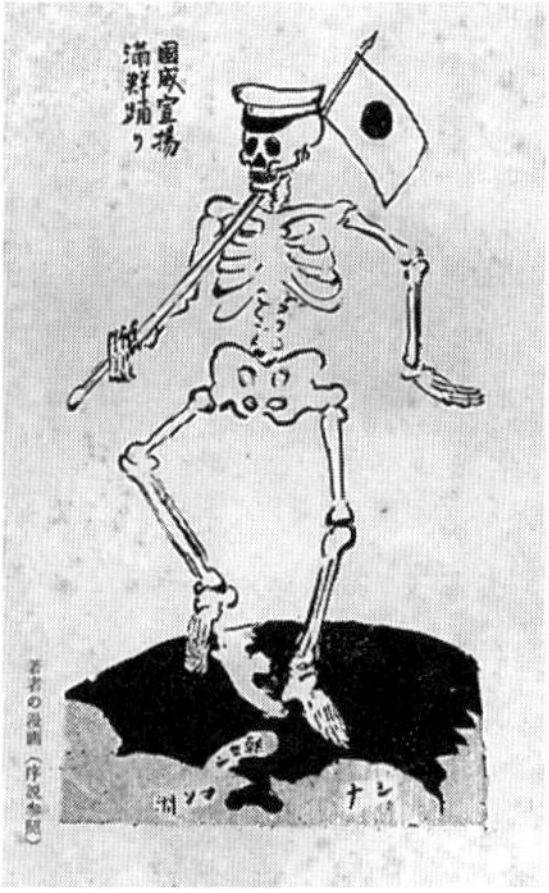

著者の漫画（序説参照）

非戦の論陣を張った。満州事変勃発する前の一九三一年八月一日に、既に軍部が武力をもって満蒙問題を解決する動向を鋭く洞察した石川は「国威宣揚満鮮踊り」と題する絵を発表し、非戦の第一声を発した。その後、『ダイナミック』第二五号に「墨子非戦論」と「戦争と軍隊」を載せ、戦争批判の諸説を紹介することによって婉曲的に反戦の意志を表明しようとした。『ダイナミック』第二六号になると、「暴力と戦争」や「国際反戦聯盟大会の宣言」、「満州事変」という三つの文章を掲載し、より直接的な戦争批判を行った。とりわけ一二〇〇字足らぬ「満州事変」において、満洲を「極東のバルカン」と比喩し、「日本民族の将来の繁栄」という視点から「対満強硬政策」の実効性を問いかけ、さらに「帝国主義の大成者たりし英国」が呈しつつある「衰頽の状」を根拠にして、日本の武力外交は「吾等の子孫をして永く民族的苦患と恥辱とを嘗めしむる」結果に終わると断言した。[34] 大澤正道は石川の主張が「小日本主義」を唱えた石橋湛山らの自由主義に近いと指摘している。[35]

石川は戦争批判を展開する一方、「防御的暴力」や「良心の反抗」も認めている。[36] 戦争否定論と暴力肯定論という二律背反に陥る彼は結局「世界的友愛」[37]の創造を断念し、度重なる発禁処分を経て評論活動から東洋史研究へと移行し、一九五六年逝去するまで自覚的に「沈黙」を守った。

彼の非戦論は「狡猾なインテリの心」も牽かず、「蒙昧な大衆の耳」にも入らず[38]、戦争阻止の役割をあまり果たすことができなかったと言えよう。

三　無教会主義者――矢内原忠雄の「苦闘」

家永三郎に「日本人の良心」と称賛される矢内原忠雄は無教会主義のキリスト教徒として生涯を通じて非戦論を唱え続けた。一八九三年一月二七日、彼は愛媛県越智郡富田村松木の医師家庭の四男として生まれた。一九一〇年に、家業を受け継がず一高に入り、学問の道を歩むことにした。一高在学中に内村鑑三の聖書研究会への入門によって、キリスト教への信仰が急速に深まっていく。矢内原は「平和の基礎」をキリストと捉え、平和を実現する方法を「十字架」に求めている[39]。その反戦意識がキリスト教信仰によって芽生えたと考えられる。一九二〇年三月に矢内原は住友を退職し、東京帝国大学経済学部助教授に就任し、植民政策講座を担当しはじめた。その関連で、早期の言論批判は専ら日本政府の植民地政策に集中したのである。満洲事変勃発後、批判の矛先を植民地政策から日中戦争へと向けさせ、反戦の論陣を張り始めた。小林文男の指摘によれば、矢内原の中国への関心は「長きにわたる植民地研究の蓄積」に立脚したもので、学問的興味と関心から「半植民地社会・中国がどのような形、どのような方法で近代化＝資本主義化されるか」という問題を解こうとした[40]。

満州事変から太平洋戦争に至って、矢内原は凡そ二十数篇の中国関係論文を執筆した。石川三四郎と同じく鋭い洞察力をもつ彼は満洲事変を「日本側の作為」と確信し、爾来の学問と信仰に基づき満洲事変との対立姿勢を表明した。[41] 日中戦争の戦局拡大につれて、日本政府との対立がますます顕著化していく。中国の国情をほとんど考慮せず論理的に戦争批判を行う柏木義円や石川三四郎らと違って、矢内原はより統一国家としての中国の現実性を明確に認識している。彼は「民族精神と日支交渉」と題する講演の中で次のように述べている。

今日の支那は正に斯くの如き民族国家建設の時期、従って民族精神形成の最中にある。殊に満洲事変及び北支問題以降、支那の民族国家的統一は急激なる刺戟を受けたのである。米国新聞業者ハワード氏が最近支那を視察したる感想によるに、「支那人は南は広東から北は北平に至るまで、下は苦力から上は資本家に至るまで、強烈なる統一国家の意識に燃えて居る。支那には統一国家がないとか、支那人は国家思想がないとか言って居た従来の認識は改められなければならない」と。之は恐らく真実の観察であると思はれる。事実としては統一的民族国家としての支那は未だ完成の余地を多く残して居るにしても、統一国家建設の気運、統一的民族精神の発生は、之を誤りなく認識しなければならない。それは歴史の命令である。支那人には国家思想がないとか、支那には政治的統一国家が有り得ないとか、恰もただ商利にのみ関心を有して愛国心の無きことが支那人の先天的固定的素質ででもあるかの如き認識を有つ者は、社会発展の歴史性についての科学的無知者であって、最大の誤謬に陥れるものと言はねばなるまい。若しも斯くの如き非科学的なる認識に基いて対支政策を計画し遂行せんとする者あらば、その弊害その危険如何ばかりぞや(42)。

こうした認識は翌年『中央公論』に掲載された「支那問題の所在」にも貫かれている。

支那問題の所在は以上の如くであり、その中心点は民族国家としての統一建設途上に邁進するものとしての支那を認識することにある。この認識に添ひたる対支政策のみが科学的に正確であり、従って終局に於て成功する実際的政策も亦之以外にはない。此の認識に基きて支那の民族国家的統一を是認し之を援助する政策のみが、支那を助け、日本を助け、東洋の平和を助くるものである。この科学的認識に背反したる独断的政策を強行する時、その災禍は遠く後代に及び、支那を苦め、日本の国民を苦め、東洋の平和を苦めるであろう。我が国の対支政策は、右の如き科学的認識に基礎する正常の道に復帰しなければならない。日支国交整調の一大鉄則は之であり、又、之以外にはあり得ない(43)。

要するに、矢内原は当時の日本社会に流行っている「支那には統一国家がないとか、支那人は国家思想がないとか」という対華認識に反駁し、「科学的認識」に背反する独断的政策を強行すれば、「その災禍は遠く後代に及び、支那を苦め、日本の国民を苦め、東洋の平和を苦める」ことになると日本国民に警告し、対華路線の修正を呼び掛けた。中国の新聞紙『大公報』では、矢内原の論説を「中国に対する明確な根本的認識と対華外交の厳正適切な主張が記述された実に近来の日本の世論中稀に見る所産」(44)として高く評価している。一方、日本当局の対華政策の施行に毫も影響を与えられなかった。

一九三七年の盧溝橋事変を境に、日中両国は全面戦争へと突入していく。主戦論が盛り上がるなか、矢内原は相変わらず初志を貫き反戦の旗を掲げていた。同年九月、彼は「筆禍事件」を惹起した「国家の理想」という文章の中で、イザヤの預言の解説に仮託して、日本の軍国主義や主戦論調に対する批判を一層強めた。

> 戦争と戦争準備、外交と秘密同盟、凡てが当面の現実界に没頭したる政策であつて、国家の理想に対する反省を欠いた。神を畏れる畏懼は地に墜ち、その外観的に熱心なる神頼みは却つて最大の不信仰であつた。社会正義国際正義は地を払ひ、その正義の名を以て戦備抗敵を専らとすることは却つて最大の不正義であつた。外観的挙国一致の内面に於て、国民精神の空虚崩壊が潜んで居た。国家の理想を見失つて、国家の基礎は揺がざるを得ない。しかも政治家、軍人、智者、学者の何人もこれを看破することなく、形式的なる挙国一致の興奮を以てアハズ王の軍国的政策を支持したのである。(45)

いうまでもなく、矢内原はキリスト教信仰を土台にして「国家の理想」の論理を構築したのである。彼の見解によれば、「信仰」と「正義」が同じ次元の概念であって、ともに「国家の理想」のコアをなしている。政府も国民もみな信仰＝正義を失ったため、不正義な日中戦争を起こしたのである。また、彼は国家の正義を対内的な「社会正義」と対外的な「国際正義」という二つの次元に区分し、「国際間にありて強国が自国生存上の必要と称して弱国権利利益を侵害することも亦正義原則に反するものであり、国家の国家たる所以の本質にも悖り、国家の理想を裏切り、国家の品位を害するもの」と論じた。矢内原の目から見れば、日本の対華侵略は正に「国際正義」を踏みにじる行為であろう。[46]さらに、「国家の理想は正義である。故に国家の理想達成を目的とする国策は正義を指標としなければならない。即ち国内的には国家を構成する分子中弱者の権利が強者によりて圧し枉げらるる事を防衛すること、国際的には他国殊に弱国の権利を強者が枉ぐる事を為さざるべき」[47]だと指摘し、不正義な日中戦争に導いた日本の国策を痛烈に批判した。では、矢内原は正義の戦いの存在を認めるのであろうか。正義と平和の関係性をいかに捉えるのであろうか。彼は「伊エ戦争と世界の平和」において、次のように述べている。

平和は望ましい。国際的にも、植民地的にも、又国内的にも。併し自由無きところ、真実の平和の基礎はない。武断的統制の製造する平和は虚偽仮装の平和であつて、常に爆発の危

険を内蔵する。(48)

即ち、矢内原はひたすら正義なき平和を追求せず、平和の価値より正義の価値を重要視する義戦論者であると見てもよい。太田雄三は矢内原が「キリスト教の立場から、あらゆる戦争を無条件に否定して、いわゆる義戦というものを認めない」(49)と捉えるが、菊川美代子は矢内原の「生涯が平和主義の理想に貫かれたものであった」が、その「平和主義」に内実は戦前、戦中の義戦（正戦）論者の立場から戦後の絶対非戦論者の立場へと変化した揺らぎがあったと指摘している。(50)つまり、矢内原の反戦思想はは義戦論一直線ではなく、時代の移り変わりとともに論理的に昇華していくものである。

一九三七年一〇月、矢内原は「国家埋葬論」という反戦言説によって失職の窮地に追い込まれた。だが、彼は反戦闘争を停止せず、『嘉信』の創刊や「土曜日学校」の創設によって、キリスト教に基づく平和理念を発信し続けた。戦後、矢内原は東京大学に復帰し、経済学部長を経て東大総長の座に就いた。彼は相変わらず反戦の立場に立っているが、正義と平和の関係性に対する認識を改めた。一九四七年三月、彼は「相対的平和論と絶対的平和論」において、「相対的平和論」を「或る場合には戦争を是認するところの平和論」や「政治論」と捉え、「純粋なる意味での義戦などは殆ど存在しない。多くの場合自国の利益問題が混入して居り、正義は屡々利益の偽装として唱へられるに過ぎない。戦争遂行者自身の口から義戦若しくは聖戦の声が高く挙げられるほど、それだけその戦争が不義不正であると認定してよい位である」と述べ、戦前抱いていた正義への幻想が崩れた。彼は「世に戦争ほど不義なもの」がなく、「抽象的・観念的に正義の為め、若しくは自衛の為めの戦争を是認するところの相対的平和論は、現実にはすべての戦争を是認すること」になり、「戦争弁護者、戦争教協力者、戦争謳歌者」となる事実を目撃し、義戦論を放棄し、すべての戦争を是認せず正義の価値より平和の価値を重要視する「絶対的平和論」を唱えるようになった。[51]

矢内原は退任後、講演や雑誌、新聞、ラジオなどを媒介に日本各地で「信仰論による絶対的平和論」[52]を宣伝した。さらに、日本国民に「キリスト再臨」の信仰を以て、神の旨意の下で絶対的平和な「神の国」を創出しようと呼びかけた。その超現実的なキリスト教信仰論による平和論がどれほど影響力を及ぼしていたのかについては、更なる検討の余地がある。

おわりに

本稿は紙幅の制約により、柏木義円、石川三四郎と矢内原忠雄という三人のキリスト教徒の反戦思想の形成過程を大まかに追跡した試みである。彼らの各時期における戦争観が次頁の表にまとめられている。

反戦思想の論理ベースから見れば、三者ともキリスト教信仰を根底にするが、社会主義や小国

人物＼時期	日清戦争	日露戦争	第一次世界大戦	満洲事変	支那事変	戦後
柏木義円（一八六〇～一九三八）	主戦論	非戦論	非戦論	非戦論	×	×
石川三四郎（一八七六～一九五六）	×	非戦論	主戦論	非戦論	非戦論↓沈黙	沈黙
矢内原忠雄（一八九三～一九六一）	×	×	自主主義植民論	義戦論	義戦論	絶対的平和論

主義などの思想も受容している。反戦思想の形成過程から見れば、首尾一貫して反戦の立場を取るわけではなく、主戦論から非戦論へと移行する者もいれば、非戦論と主戦論の間で動揺を見せる者もいる。さらに、義戦論から絶対的平和論へと昇華する者も存在している。反戦思想の社会的影響力から見れば、三者ともに日本キリスト教界のマイノリティーに属し、それぞれ創刊した『上毛教界月報』や『ダイナミック』、『嘉信』などの雑誌は発行部数の上で限られた読者層を対象としているため、当時の日本キリスト教徒に広く共鳴されなかったと考えられる。また、それぞれの非戦論に内包される曖昧性や矛盾性、超現実性も大いに社会的影響力を軽減したと言わざるを得ない。

三者とも日中戦争を否定的に捉えていたが、実は勉学体験や生活環境、価値観、世界観などの違いによって、異なる戦争認識と立場を示していた。日本当局からの厳しい弾圧・統制の下で、「孤憤」や「沈黙」、「苦闘」など様々な様相が呈していた。彼らの反戦思想は結局十分な力を発揮できず、ほとんど無力のまま歴史の闇に埋もれていくと言えよう。

注

（1）加藤周一・凡人会『「戦争と知識人」を読む』、東京、青木書店、一九九九年、第二七八頁。
（2）北河賢三『戦争と知識人』、山川出版社、二〇〇三年、第四―五頁。
（3）片野真佐子『孤憤のひと：柏木義円』、新教出版社、一九九三年。
（4）笠原芳光『柏木義円・非戦平和のキリスト者』、和田洋一編『同志社の思想家たち』（上）、同志社大学生協出版部、一九六五年。
（5）出原政雄『戦争と知識人――満州事変以後の反戦平和論』、西田毅編著『概説日本政治思想史』ミネルヴァ書房、二〇〇九年。
（6）柏木義円「予が回心の顛末」『上毛教界月報』第二一六号、一九一六年一一月一五日、伊谷隆一編『柏木義円集』（第一巻）、未来社、一九七二年、第三三一頁。
（7）柏木義円「戦争と平和」『同志社文学雑誌』第七九号、一八九四年八月一日、『柏木義円集』（第一巻）、第五七―六〇頁。

（8）柏木義円「再び戦争と平和を論じ併せて宣教師諸君に一言す」『同志社文学』第八〇号、一八九四年九月一九日、『柏木義円集』（第一巻）、第六二—六四頁。
（9）柏木義円「非戦論、国是論」『上毛教界月報』第五八号、一九〇三年八月一五日、『柏木義円集』（第一巻）、第一三三—一三七頁。
（10）柏木義円「尊敬す可き露西亜人——非戦主義のチャンピオン」『上毛教界月報』第七一号、一九〇四年九月一五日、『柏木義円集』（第一巻）、第一八二頁。
（11）柏木義円「私の平和論の歴史——鶏肋漫筆」『上毛教界月報』第四〇一号、一九三二年三月二〇日、『柏木義円集』（第二巻）、第三三〇頁。
（12）柏木義円「日本国是の根本的立直し」『上毛教界月報』第二六六号、一九二一年一月一五日、『柏木義円集』（第一巻）、第四〇一頁。
（13）詳細に関しては、茂義樹が著した論文「一九三〇年代のキリスト教ジャーナリズム——『基督教世界』の場合」（『キリスト教社会問題研究』第二五号、一九七六年一二月）をご参照ください。
（14）柏木義円「宜しく満州の駐屯兵を撤す可し」『上毛教界月報』第三九六号、一九三一年一〇月二〇日、『柏木義円集』（第二巻）、第三〇〇頁。
（15）柏木義円「敢て領土の慾は無之只特殊権益を擁護するのみ——鶏肋漫筆」『上毛教界月報』第四〇六号、一九三二年八月二〇日、『柏木義円集』（第二巻）、第三五四頁。
（16）柏木義円「支那問題私見」『上毛教界月報』第三九七号、一九三一年一一月二〇日、『柏木義円集』（第二巻）、第三〇八頁。
（17）柏木義円「大国主義か小国主義か——鶏肋漫筆」『上毛教界月報』第三九九号、一九三二年一月二〇日、『柏木義円集』（第二巻）、第三二〇頁。

(18) 柏木義円「大国主義の虚栄――鶏肋漫筆」『上毛教界月報』第三九九号、一九三二年一月二〇日、『柏木義円集』（第二巻）、第三三二頁。

(19) 詳細に関しては、林達夫が著した論文「戦時下の『上毛教界月報』――とくに柏木義円の非戦、平和の言論を中心に」（『キリスト教社会問題研究』第三七号、一九八九年三月）をご参照ください。

(20) 柏木義円「孤憤」『上毛教界月報』第三九八号、一九三一年一二月二〇日、『柏木義円集』（第二巻）、第三一三頁。

(21) 柏木義円「第二の世界大戦」『上毛教界月報』第三九九号、一九三二年一月二〇日、『柏木義円集』（第二巻）、第三二〇頁。

(22) 辻野功「石川三四郎――海老名弾正との関連において」『キリスト教社会問題研究』第二三号、一九七五年三月、第八三頁。

(23) 石川三四郎『自叙伝』（上巻）、東京：理論社、一九五六年、第五三頁。

(24) 石川旭山「基督教界の二大人物（内村氏と海老名氏）」『平民新聞』第三号、一九〇三年一一月二九日。

(25) 石川三四郎『自叙伝』（上巻）、第六三頁。

(26) 海老名弾正「聖書の戦争主義」「新人」第五巻第四号、一九〇四年四月一日、第五―六頁。

(27) 同上、第六頁。

(28) 同上、第八―一一頁。

(29) 海老名弾正（無署名）「人道の見地より見たる日露戦争」『新人』第五巻第四号、一九〇四年四月一日、第四頁。

(30) 石川旭山「最末の兆」『平民新聞』第二八号、一九〇四年五月二二日。
(31) 石川三四郎「平和主義大観」(『新紀元』第三号、一九〇六年一月一〇日)、『わが非戦論史』、東京：ソオル社、一九五六年、第三二五頁。
(32) 米原謙「第一次世界大戦と石川三四郎：亡命アナキストの思想的軌跡」『阪大法学』第四六巻第二号、一九九六年六月。
(33) 石川旭山「十六人問題に就て」『自由聯合新聞』第三五号、一九二九年五月一日。
(34) 石川三四郎「満州事変」(『ダイナミック』第二六号、一九三一年一二月一日)，『わが非戦論史』，第一三五―一三七頁。
(35) 大澤正道「石川三四郎の平和主義」、家永三郎編『日本平和論大系一一』、日本図書センター、一九九四年、第四一一頁。
(36) 石川三四郎「暴力と戦争」(『Dynamic』第二六号、一九三一年一二月一日)、『わが非戦論史』、第一四五―一四七頁。
(37) 石川三四郎「国際反戦連盟大会の宣言」(『Dynamic』第二六号、一九三一年一二月一日)、『わが非戦論史』、第一四二頁。
(38) 石川旭山「ファッショ勝利の意義」、『Dynamic』第四三号、一九三三年五月一日。
(39) 矢内原忠雄「基督教に於ける平和の思想――昭和十年九月二十一日福岡聖書研究会主催講演の大意」(一九三五年一〇月)、家永三郎編『日本平和論大系一〇』、日本図書センター、一九九三年、第二一一九頁。
(40) 小林文男「戦前日本知識人の中国認識――日中戦争をめぐる矢内原忠雄の対応を中心に」、阿部洋

編『日中関係と文化摩擦』、巌南堂書店、一九八二年、第二三二頁。
(41) 矢内原忠雄「戦いの跡」(『嘉信』一九四五年一二月)、矢内原忠雄著、揚井克己編『矢内原忠雄全集』(第二六巻)、岩波書店、一九六三年、第一〇三―一〇四頁。
(42) 矢内原忠雄「民族精神と日支交渉」『帝国大学新聞』第六五一号(一九三六年一二月七日)、『矢内原忠雄全集』(第一八巻)、第五九六―五九七頁。
(43) 矢内原忠雄「支那問題の所在」『中央公論』、一九三七年二月号、本欄第一七頁。
(44)『大公報』、一九三七年二月九日付。
(45) 矢内原忠雄「国家の理想」(一九三七年九月)、『矢内原忠雄全集』(第一八巻)、第六三五頁。
(46) 同上、第六二八頁。
(47) 同上、第六三〇頁。
(48) 矢内原忠雄「伊エ戦争と世界の平和」(一九三五年一一月)、『矢内原忠雄全集』(第一八巻)、第一五七頁。
(49) 太田雄三『『平和主義者』矢内原忠雄について」『内村鑑三――その世界主義と日本主義をめぐって』、研究社、一九七七年、第三七六頁。
(50) 菊川美代子「矢内原忠雄の義戦論」『基督教研究』第七一巻第二号、二〇〇九年一二月、第五八頁。
(51) 矢内原忠雄「相対的平和論と絶対的平和論」『矢内原忠雄全集』(第一九巻)、第二七五―二七六頁。
(52) 同上、第二七七頁。

第十章　日中キリスト者の平和思想の比較

徐亦猛

日本と中国の関係は古来非常に密接で、しばしば「一衣帯水」と形容された。両国が平和共存のうちに、共同発展することは、東アジア及び全世界の安定にも繋がる。しかし、二〇一二年九月の尖閣諸島の国有化や安倍政権の右傾化とみえる政策によって、両国の対立関係は、激化しているし、両国の国民の相互理解が不十分であるという問題が露呈した。こうした緊迫した日中関係、領土・領海を巡る紛争と対立は戦争や武力ではなく、平和的に解決すべきである。そのため、日中両国の国民は過去の歴史を正視し、歴史の教訓をくみ取るという基礎に立ち、未来に向かう必要がある。日中戦争という不幸を二度と繰り返さないため、地域及び世界平和の創造に向けて力を尽くしていくことが、今後の日中両国の歩むべき道であると考える。本研究は、戦時下最も激しく変動する時期において、日中両国のキリスト者の平和主義・思想の比較的検討を実証的に行うことによって、戦時下の日中両国のキリスト者の平和主義・思想を新たに評価し、現代の日中両国の国民の意思疎通、相互理解の交流を豊かにするため、キリスト教平和主義の立場からの提案である。さらに、本論文は、グローバル化が進展する二一世紀の現状を見据えながら、戦争のない平和な社会の形成や建設に貢献できる学生の育成を目指す平和学教育のツールとして活用されることを願っている。

一　日本の平和主義者賀川豊彦

賀川豊彦は、著名な牧師であると共に、労働運動の指導者、社会活動家、作家、学者、平和主義者でもあった。賀川豊彦は一八八八年神戸に生まれた。父賀川純一は海運業を営み、母は徳島の元芸妓菅生かめである。幼少期に相次いで両親を亡くし、五歳の時姉と共に徳島の本家に引き取られ、養育された。兄の放蕩により一五歳の時に賀川家は破産してしまい、叔父の家に移った。徳島中学校に通っていた時、日本基督教会徳島教会にて米国南長老ミッションの宣教師H・W・マヤスと出会い、一九〇四年マヤス宣教師より洗礼を受けている。しかし、賀川のキリスト教信仰に反発して、学資を提供していた叔父が賀川への援助を打ち切った。その時、マヤス宣教師は彼を励まし、学資の支援を与え続けたゆえ、賀川は伝道者を志し、一九〇五年に明治学院高等部神学予科に入学、卒業後の一九〇七年、神戸神学校に入学した。受洗した時に、マヤス宣教師から貧民のために働く事が神の使徒としての使命であると教えられたことによって、賀川は一九〇九年神戸市葺合区新生田川地域の俗称「新川」と呼ばれたスラム地域の五軒長屋に住み込み、長屋の五畳敷きの部屋に伝道所を設けて貧民に対して献身的な救済活動を開始した。一九一四年に渡米し、プリンストン神学校に学び、その後、帰国した賀川は労働運動の指導者として活躍し、日本生協運動の創始者の一人となった。戦時下日本、アメリカ、アジア、オーストラリアなどで平和主義思想を訴え、世界的に有名になった。戦後は日本社会党の結成、重要な社会運動の指導者としての役割を演じた後、一九六〇年東京で七一歳の生涯を閉じた。[1]

少年時代において、マヤス宣教師から英語の聖書学び始めた賀川豊彦は、イエスの山上垂訓やトルストイの非暴力・無抵抗思想から深い影響を受けて、戦争に反対し、平和を訴える姿勢を示すようになった。徳島中学校の時に卒業前の軍事教練を拒否し、体操の教師に殴り倒された。この時、彼は「剣を取る者は剣にて亡ぶべし」（マタイ二六：五二）という聖句を引用し、「堂々と非戦論を主張して一歩も譲らなかった。[2] 明治学院に在学中、学院の月例弁論会で、賀川は堂々と非戦論を説き、無抵抗の主に倣うべきことを雄弁に説いたため、その日の夜、上級生数人に校庭へ呼び出され、殴りたおされるという経験をした。[3] 一九〇六年八月に『徳島毎日新聞』に六回に渡って連載した「世界平和論」を発表した。この文章においては、カント、ヘーゲル、マルクスの著作および当時の文献が引用されていたが、これは彼がはじめてまとまった形で展開した平和論である。

第一次世界大戦中及び大戦後に日本は、中国に対して二十一カ条の不平等条約を提出して権益を拡大し、またロシア革命に干渉するため欧米諸国と共にシベリアに出兵した。そうした行動によって示された欧米列強と日本との帝国主義的・軍国主義的野心に対して、賀川は「平和の道」と題する一文を『中外日報』に寄稿し、鋭い抗議の声明を挙げた。(4)

「平和の道は、嘘偽の道ではない。平和の道は真理と、真理を熱愛する高踏にある。我等に真正であらしてくれ。そうでなければ、私等は平和で居られない。百万の軍隊で守る平和に何の平和があるか？ 刀で捷ち得た、平和が何の平和だ、軍隊から解放してくれ、その時に真の平和があるのだ。刀と、秘密外交と、軍艦と、領土欲と、嘘偽の歴史から、解放せられよ日本人、いつまでおまへは軍刀を礼拝する積もりだ」(5)

平和の願いを実践に移すため、一九二五年に賀川は、タゴール、ガンディー、アイシュタイン、ロマン・ローランと共に「徴兵制廃止の誓い」に署名して、それを国際連盟に提出した。しかし、それ以後の世界情勢は、ますます賀川の願いを裏切るものであった。特に日本は中国へ軍隊を送り込み、侵略の道をひたすら突き進んでいくことになる。(6)

一九二八年、田中義一内閣の時に山東出兵が行われ、中国との間に新たな戦争勃発の危険が増大した。この時、賀川は社会主義者やキリスト者たちと協力して、「全国非戦同盟」を結成して、その委員長に就任した。明確に戦争反対という「全国非戦同盟」の綱領を世間に打ち出し、政府の行動を厳しく批判した。

日本全体が戦争へと進んでゆく中で、賀川豊彦のように、戦争を批判したり、平和を唱えたりすることは、それ自体ですでに祖国を裏切る非国民的行為であり、当局から危険人物と見なされたのである。日本政府や社会から賀川に対する圧迫はますます増大した。右翼団体は賀川の平和主義を攻撃し、彼の説く隣人愛は国を売るものであり、賀川は売国奴であると宣伝した。街角には「賀川を殺せ」というビラも貼られた。雑誌社や新聞社からの原稿依頼も来なくなった。賀川は、一九四〇年に反戦行為のため、警察に逮捕され巣鴨の拘置所に拘留され、憲兵隊に尋問された。一九四三年五月賀川は神戸の相生橋警察署に一晩監禁される。これは、神戸で行ったキリスト教講演が反戦思想のみならず、社会主義思想をも含んでいるという容疑のためである。さらに同年一一月上旬には九日間に渡って東京憲兵隊本部に連日呼び出され、厳しい尋問を受けねばならなかった。

賀川豊彦の平和思想の展開は日本国内のみならず、中国においても大きな影響を及ぼした。一九二〇年吉野作造の推薦を通して、上海ＹＭＣＡ幹事の内山完造からの招きによって、ＹＭＣＡの夏季講座の講師として初めて中国を訪問した。初訪中をした際、賀川は上海で孫文と会談する機会を持っている。この時、孫文は賀川に対して、日本政府における大東亜共栄圏政策を推し進めていることに対する叱責と、日本に失望を懐いたことを率直に語った(7)。孫文が賀川に対して語った言葉は、生涯、賀川の胸中にあり続け、これ以後彼は日本の軍国主義と更なる強く対峙することになる。彼にとって、救わなければならない貧民の対象は日本のスラムだけではなかった。

とりわけ、賀川は、日本の侵略政策の犠牲となっていた中国・朝鮮の貧民に対して憐憫の情が強かった。戦時中、彼は、日本の軍国主義に屈することはなかった。彼が、中国語版『愛的科学』（一九三四年刊、日本名『愛の科学』）に寄せた序文では、躊躇なく中国人民に謝罪し、激しく日本の軍国主義を批判している。

「私は非常にやりきれない気持ちでいっぱいです。というのも、我々日本人は中国に対して絶え間なく愛の法則を破壊しているからです。私は日本を愛するのと同じように、中国を愛しています。さらに、私は中国に平和の日が早く来るようにと祈り続けてきました。日本軍のあちこちでのいやがらせで、私は異常なほどに恥じました。……たとえ、私が日本の代わりに百万遍謝罪しても、日本の罪を謝りきれないでしょう。私は無力すぎます。私は恥じます。私は日本軍閥を感化することができませんでした。中国の読者の方々、私を無力者と思って、私を侮辱してもかまいません。それは私が受けるべきことです。……民族を越えられるのはイエスの力強い贖罪愛です。それは宇宙の意識を持ち、最も悲しい運命のなかに陥れた人類を救出するためのある種の力です。日本民族はこの極めて大きな贖罪愛を知らないから、私は耶利米（エレミヤ）と同じような悲しみを感じています。孔子や墨子を生み出した国民の皆様よ、お許して下さい。日本民族は鉄砲を棄て、十字架の愛の上で目が覚める日は、きっといつか来るでしょう。現在私は謝罪することしかほかに何も考えられません。もし中国の方々がこの本をめくって読んでくれたら、日本にも多くの青年の魂が、私と同じように悔やみ改めながら本気で謝罪を申していることを忘れないで下さい[8]」

さらに一九四〇年発行された『カガワ・カレンダー』において、「中国の同胞に」と題する文章に賀川の中国に対する謝罪の言葉も収録されていた。

「日本の罪を赦してください。日本のキリスト信徒は、軍部を抑制する力はないけれども、心あるものは日本の罪をなげいています。私どもの祈りと働きによって、キリストの名による両国の親和の日がくるように願います[9]」

彼の中国人民の側に立つ姿勢は、中国人民の共感を呼び、宋美齢・胡適・誠靜怡といった中国の政治・学問・宗教の指導者から支持を得た。一九三七年日華事変後、重慶にいる宋美齢から「日本人は憎い、日本軍の暴虐はどうしても許せない。しかし、私はどうしても神様に日本を滅ぼし、日本人を皆殺しにして下さいとは祈れない。なぜなら日本には、今日も私とも中国と中国人とのため熱涙を流して祈っているドクター賀川がいるからある」という言葉が放送された[10]。

賀川は、一〇回前後の訪中の際に、中国人牧師の協力を得て中国人民に対して教会の壇上からではなく、身近な場所で謝罪演説を行なっている。彼は、宗教使節を編成し、黒田四郎と共に、一九四四年に最後の訪中を果たすが、この時彼は南京で謝罪伝道を行い、南京政府の高官と接触し戦争終結について語り合っている。彼は、『中国復興への道』を著し、国民党政府に対して戦争終結後の中国の未来像としてキリスト教の平和主義と共同体倫理に基づく国家の再建を提案している。

しかし、戦時下の賀川における自己の非戦・平和の信念を大きく評価する一方、一九四一年、太平洋戦争の勃発によって、賀川は平和主義からナショナリズムへ転換したことを看過できない[11]。言わば、彼は平和主義の立場を修正し、日本の戦争を支持する方向へ転換したのである。太平洋戦争中、賀川はすべての戦争を反対するのではなく、一部の戦争を支持するようになった。すなわち、賀川の眼の中では、日本はすでに侵略された弱小国家となっており、日本が中国を侵略したことには依然として反対していたが、しかし、日本とアメリカおよびイギリスとの間の戦争は正義であると考えるようになった。前述のように一九四三年二回の憲兵による厳しい尋問を受けた後、賀川はもはや平和主義者ではないと宣言し、世界反戦連盟および日本唯愛社から脱退した。賀川は次のように述べている。

「今日に於いても真の意味において東洋における独立国家は、日本だけである。その日本をチャーチルとルーズベルトが撃砕しようとしている計画を見ては、いくら忠実な平和論者でもその主義に忠実なる事は許されない。私は日本人の凡てが殺戮され、私唯一人になっても東洋の独立と自由を日本を通じて守り通さねばならぬ決意をしたのである」[12]と。

戦時下の日本政府によるキリスト教および平和主義運動に対する厳格な制限、さらには迫害というものを考慮すると、賀川がナショナリズムへ転換したことをより一層同情的に理解することができるかもしれない。賀川の戦時下の行動はすべて教会全体が政府の干渉を避けるためのものであるとも考えていた。賀川は自らが直面しなければならない道は二つしかないことを承知していた。一つは殉職であり、もう一つは可能な限り屈服せず、生きて教会の重責を担うなどして、続けて仕事を行うことである。賀川は後者を選択したのである。その理由は、日本教会はまだ非常に脆弱であり、（政府により）何の情け容赦もなく抑圧されていたからである。

二　中国の平和主義者呉耀宗

中国キリスト教の歴史において、呉耀宗は非常に注目すべき人物である。彼は中国キリスト教青年会の指導者であり、中国キリスト教三自愛国運動の提唱者でもある。一八九三年一一月四日呉耀宗は中国の広東省順徳の非キリスト教徒家庭に生まれた。幼少期から賢くて、勉強好きであったので、一一歳の時、両親は、彼を一人のユダヤ人が開いた「育才」という学校へ入学させた。[13]一五歳の時、北京税務専科学堂へ進学し、一九一三年卒業後広東省広州・牛荘の税関へ就職する内定をもらった。広州・牛荘の税関へ赴任する前、ちょうどモット（John R. Mott）[14]が北京キリスト教青年会において講演を行った。呉耀宗はモットの講演を聞き、キリスト教青年会に対して非常に深い印象をもった。一九一六年北京税関総税務司署へ転勤となったが、北京に戻った後、友人の紹介によって、キリスト教青年会の会員となった。一九一七年の春、呉耀宗は北京キリスト教青年会の米国友人宅で偶然に『新約聖書・マタイ福音書』において、イエスの山上垂訓を読んだ。「自分の人生の希望と信仰を見つけた」と語られているように[15]、彼はイエスの言葉に深く感銘し、一九一八年の夏北京キリスト教の公理会[16]において洗礼を受けた。受洗後、呉耀宗はますます敬虔にキリスト教を信じるようになった。自分の日記において、「以前あった様々な悩み、恐れ、悲観がすべてなくなって、今は将来に対して希望と喜びが一杯である。イエス・キリストこそ、暗闇の光である」[17]と語っている。一九二〇年一一月税関の仕事を辞職し、北京キリスト教青年会学生幹事に就任した。これ以後、長年にわたりキリスト教青年会の事業に貢献した。

一九一九年に五・四運動が起こり、さらに一九二二年には反キリスト教運動が始まり、キリスト教は「帝国主義の走狗」であり、「人民のアヘン」であると非難された[18]。その頃の呉耀宗は、信仰的に動揺し、精神的にかなり苦悶した。彼は自分の著作『没有人看過上帝』において、その時期の自分の信仰について、「私がキリスト教を信仰するようになってから間もなく、国内に激烈な反キリスト教運動が起こった。『帝国主義の走狗』という罪名を、私は気にしなかった。なぜなら、私自身は帝国主義の走狗ではないと信じているし、他の多くのキリスト者も外国宣教師も、やはり帝国主義の走狗ではないことが明らかだからである。しかし『人民の鴉片』という言葉は、私の頭の中で旋廻して離れなかった。キリスト教は迷信であろうか。反キリスト教の立場は、科学思想に基づくもの、唯物論に基づくもの、西洋哲学あるいは中国文化に基づくものなど様々であった。これらの宗教に反対する理論が迫ってきて、私は自身の宗教信仰に最も厳格な検討を加えざるを得なくなった。私はこれらの問題に最も集中し、かなりの研究もしたけれども、満足な回答を得るには至らなかった。本当に苦悶した」[19]と述べている。

その後、呉耀宗は長い間この問題の解決を模索し続けた。一九二二年世界キリスト教学生同盟が北京で第一一回大会を開いた後、呉耀宗は積極的にキリスト教学生運動を推進した。一九二四年から一九二七年まで間、呉は北京キリスト教青年会の推薦で、ニューヨークのユニオン神学校とコロンビア大学で神学・哲学・宗教学について研究した[20]。一九二七年帰国後、彼は中華キリスト教青年会（ＹＭＣＡ）全国協会の校会組主任として、全国各地で学生伝道を行った。三〇年代初期、同協会の出版組主任となり、中国唯愛社[21]の主席を兼任し、中国にいる宣教師と共に青年学生向けの『唯愛』という雑誌の出版活動を始めた。彼によれば、キリスト教の基本は愛であり、愛は人類生活において最高の原則である。愛の精神を人に充満させ、社会の各団体の相互協力することによってこそ、社会の改造や新制度を創立することができる。ちょうどその時期に、日本軍の中国に対する侵略戦争がはじまったが、キリスト教が愛の宗教と深く信じてきた呉耀宗は、すべての戦争と暴力に反対し、平和を用いて戦争に抵抗することを積極的に提唱した。つまり非協力という方法で日本の侵略へ抵抗した[22]。呉にとって、非協力と無抵抗とは全く異なる方法である。無抵抗は消極的な方法で、非協力は積極的な抵抗である。すなわち、日本の製品や品物に対する不買運動や日本への非協力によって、日本軍が中国から撤退することを目指そうとしたのである。武力による抵抗には、呉は明らかに反対の態度を取った[23]。どんな戦争であっても、永遠に問題を解決することができない。善は必ず悪に打ち勝つ、恨みや報復からの武力すべてに反対する、これが彼の信念であった。キリスト教の愛の実現が愛の社会を可能にするのであって、それが中国社会にとって唯一進むべき道なのである[24]。

ところが、呉耀宗の提起した日本に対する不買・非協力運動は、参加者の人数が少なかったため、あまり具体的な行動に至らなかった。さらに一九三二年日中間の情勢がさらに緊迫するようになると、呉耀宗は非協力による日本への対抗思想に対して、動揺し始め、さらに思想変化が生じた。彼はキリスト教が愛であり、戦争反対という考えについて、新たな解釈を行った。彼は一九三二年二月に『唯愛』の第四期において、「日本が中国への侵略を展開することに対して、私の感情は戦争支持の方々と同じになっている。日本に対する武力抵抗の傾向が避けられない。それは中国人にとって、最も受けいれられる方法であることを私は認める。私はキリスト教が愛であるという信念を変えていないが、武力による日本への抵抗の道に進む方々に敬意と同情をささげたい。こういう大事な時、私たちキリスト者の使命の重大さについて、さらに覚えるべきである。わたしたちキリスト者は武力による抵抗に参加しないが、自分の些細かな力で社会に貢献しなければならない。それは積極的な愛の福音の宣教と実行である。しかし、私たちキリスト者は愛を大切にするゆえに、人が人を搾取する制度すべてを廃止する努力をしなければならない。もし私たちはただ見るだけで、行動を示さないならば、私たちが訴える愛は空しい。キリスト者が訴える愛は非暴力的な革命である。共産主義の革命は暴力によるもので、私たちの革命と目的が同じであるが、手段が異なるのである」と述べた[25]。そして教会については、「今の教会にとって、主要な任務は社会改革である。現在の中国社会には色々な問題が存在しているため、国力が弱いのである。教会は愛の社会を提唱しているのだから、社会の問題を無視するわけには行かない。社会の改革はいわゆるキリスト教が提起している愛の社会の建設である。中国は今存亡の時期に直面しているが、合理的で愛ある社会を建設するのが中国社会にとって歩むべき道である。キリスト教の愛という中心の教義は新しい社会制度を建設する基礎であり、中国社会の光と希望である」と論じた[26]。

しかし、一九三七年の蘆溝橋事件以後、日本からの侵略戦争が拡大し、国民党は消極的な抗日運動を行った。中国国内のもナショナリズム非常に高まりつつ、そのためキリスト教が帝国主義的文化侵略の道具であると批判された。そのような情勢の下に、中国キリスト教会を含め、社会全体は日本に対する武力抵抗に主流となった。呉は国民党の統治下の社会的な罪悪、不正の社会状況に対して、非常に敏感で不満を感じたゆえに、マルクス主義・社会主義・共産主義を見直して、それを用いて中国社会問題を分析するようになった。一九四〇年代以後、彼は中国の社会問題がすべて資本主義制度からの原因によると認識するに至り、今まで信じてきたキリスト教は愛であるという信念から、共産主義や社会革命を全面的に支持し、キリスト者に共産党に協力するように呼びかけた。すなわち、呉は西洋の愛を中心とするキリスト教に影響されたキリスト者から、共産主義的キリスト者への道を辿った。その時、彼はキリスト教について、「キリスト教は人生の宗教であるのだから、人間の生活の様々な面において表わされるべきである。しかし、宗教は生活、社会、国家、国際問題などと分離することができない。教会もただの避難所になるべきではないし、キリスト者も社会に対して無関心であってはならない。キリスト者はキリスト教を受けるだけでなく、もっとも重要なのはキリスト者の行い、すなわち人のために犠牲になるということなのである。積極的にこの世の社会革命に参加し、健全な新社会を建設する」と主張した。

彼の文章を通して、武力による日本への抵抗について、呉耀宗の態度が反対から同情と援助へと変化したことがわかる。しかし、呉は自分の戦争への不参加の信念を堅守した。呉耀宗がキリスト教から発見した愛の社会を建設するという社会改革案は、国家再建などの問題に強い関心を持っていた中国知識人の国家意識と結びつき得るものであり、当時の中国社会の要求に応答できる唯一の道だったのである。

結論

賀川豊彦は戦争の加害者側の代表であり、呉耀宗は戦争の被害者側の代表である。彼らの直面する社会環境と立場は異なっているが、キリスト教平和主義を実践する際に直面した困難は共通である。日本と中国において、ナショナリズムと平和主義の間に調和し難い矛盾が存在することは、平和主義の促進にとって難題である。戦争によって、ナショナリズムは急速に高揚し、国家総動員の道具となった。そのため、民衆や政治家とって、平和主義は忌み言葉であった。実際に、戦時下の日本と中国において、平和主義の支持者は極めて少ない。賀川豊彦と呉耀宗は決して絶対的な平和主義者ではなく、いかなる政治状況下においても必ず平和主義の思想を行動に移せるわけではないと言うことしかできない。彼らは理性においてナショナリズムと平和主義の関係をはっきり整理できたが、国家の一員として負うべき国の運命に関わる国民の義務を直面する時、やむを得ずそれぞれの平和主義思想を修正した。

　賀川豊彦が提唱している平和主義は、戦時中の国家神道を中心とするナショナリズムと国内の高圧政策から厳しく批判を受けた。そのため、賀川が何回も逮捕されことや、太平洋戦争以後平和主義からナショナリズムへ転換したことは、彼の苦渋の選択の表明である。戦争の加害者側の平和主義の提唱者として、戦争の被害者側の民衆に謝罪する以外に、何も実質的な行動を起こせずにいたことに対して、賀川は良心の呵責を感じた。呉耀宗は常にキリスト教の愛と正義を訴えたが、このような論調は戦時中に他人を説得することは困難である。更に、列強から侵略され、国家の主権を危うくの状況に陥った時、社会革命に参加し、健全な新社会、新国家を建設するという自分の平和思想の修正に対して、呉の心は非常に痛めたに違いない。

日本と中国において、キリスト者は社会のマイノリティである。賀川豊彦と呉耀宗は更なる少数中のマイノリティである。しかし、戦争状態になっている社会の状況の下で、彼らの愛と平和の呼びかけと行動は、非常に弱く、社会情勢から掛け離れているように見えても、彼らのキリスト教平和主義によって示されている美しい理想は人類社会全体が追い求める目標である。これは、東アジアにおけるキリスト教平和主義について理解を深める上で、重要な意義がある。

注

（1）河島幸夫『賀川豊彦と太平洋戦争』、中川書店、一九九四年、四頁参照。
（2）同上、六頁。
（3）黒田四郎『私の賀川豊彦研究』、キリスト教新聞社、一九八三年、一四―一五頁。
（4）河島、前掲書、六頁。
（5）賀川豊彦全集刊行会編『賀川豊彦全集』、第一〇巻、キリスト新聞社、一九七三年、一二一頁。
（6）河島幸夫『賀川豊彦の生涯と思想』、中川書店、二〇〇三年、四頁参照。
（7）浜田直也『賀川豊彦と孫文』、神戸新聞総合出版センター、二〇一二年、一四頁。
（8）同上、六七頁。

（9）河島、『賀川豊彦の生涯と思想』、三一頁。
（10）黒田、前掲書、一〇―一一頁。
（11）河島、『賀川豊彦の生涯と思想』、三五頁。
（12）安藤肇『深き淵より――キリスト教の戦争経験』、長崎キリスト者平和の会、一九五九年、一五三―一五六参照。
（13）沈徳溶『呉耀宗小伝』、中国基督教三自愛国運動委員会、一九八九年、一頁。
（14）一九一〇年にはエジンバラで世界宣教会議（World Christian Conference）が開かれ、全教派の一致協力に関する具体案が討議された。まず各国に諸教派協力のための機関を作ることが決議され、そのための委員会“The Continuation Committee of the Edinburgh Conference”がつくられ、John R. Mott がその委員長となった。
（15）山本澄子『中国キリスト教史研究』、近代中国研究委員会、一九七二年、二七二頁。
（16）公理会は American Board of Commissioners for Foreign Missions である。
（17）沈、前掲書、七頁。
（18）山本、前掲書、二七二頁。
（19）同上、二七二―二七三頁参照。
（20）同上、二七〇頁。
（21）唯愛社は The Fellowship of Reconciliation である。これは当時北京にいる宣教師と中国人キリスト者が合同で創った平和団体である。
（22）二〇世紀前半、日本のキリスト教平和主義者賀川豊彦のキリスト教社会運動論や世界平和論などはアジアのキリスト教会にかなり影響を及ぼした。賀川豊彦にとって、神の国というのは神が正義と愛と恵みとをもって支配する世界、すなわちキリストの愛が支配する世界にはほかならない。その世界が弱者に力を与え、悲しんでいる者に慰めを与え、また苦しんでいる者に救いを与え、罪ある者に罪のゆるしを与え、貧しい者、病気の者を助けて下さるという神の愛が支配する恩恵の世界である。賀川豊彦の信仰の世界は、愛が支配する世界を意味し、これはイエスが示された神の国である。それゆえ賀川豊彦においては、信仰によって隣人愛をもって、社会運動、労働運動、農民運動に尽くしながら、世界平和のために努力していこうとする魂が実際生活の中に滲み出ているのである。このような賀川豊彦の思想が当時中国の本色化運動を指導した雑誌『真理与生命』において連続に紹介されたのである。さらに賀川は一九二〇年代頻繁に中国へ渡り、スラム伝道を行うことによって、当時の中国の指導者や教会の指導者や知識人などから厚い信頼を得た。さらに上海日本人ＹＭＣＡの招きによって、賀川は夏期講座を開き、中国で大きな反響を呼んだ。呉耀宗が本色化運動の参加者として、中国のＹＭＣＡの指導者として、賀川豊彦の文章と思想をかなり熟知し、そこから賀川の思想の影響を受けていたことは十分に推測できるであろう。

(23) 沈、前掲書、二八頁。
(24) 同上、二二頁。
(25) 同上、二八頁。
(26) 沈徳溶『在三自工作五十年』、中国基督教三自愛国運動委員会出版、二〇〇〇年、一五五頁。

あとがき

福岡女学院大学学長　阿久戸光晴

本書は、「東アジアにおける平和と和解のためのキリスト教の貢献」とのテーマをもとに福岡女学院大学で二〇一八年一月二七日に行われたフォーラムにおいて、正に東アジアの気鋭の研究者たちによってなされた諸発題を編集したものです。私は一人の日本人として、平和はともかく、日本以外の東アジア地域の民に和解を呼びかけることはできません。私にできますのは、次の御言葉のとおり、主と主にある兄弟姉妹に罪の赦しを乞うことと、現代のアナニアを主が遣わされることへの待望であります。

《さて、サウロはなおも主の弟子たちを脅迫し、殺そうと意気込んで、大祭司のところへ行き、ダマスコの諸会堂あての手紙を求めた。それは、この道に従う者を見つけ出したら、男女を問わず縛り上げ、エルサレムに連行するためであった。ところが、サウロが旅をしてダマスコに近づいたとき、突然、天からの光が彼の周りを照らした。サウロは地に倒れ、「サウル、サウル、なぜ、わたしを迫害するのか」と呼びかける声を聞いた。「主よ、あなたはどなたですか」と言うと、答えがあった。「わたしは、あなたが迫害しているイエスである。起きて町に入れ。そうすれば、あなたのなすべきことが知らされる。」同行していた人たちは、声は聞こえても、だれの姿も見えないので、ものも言えず立っていた。サウロは地面から起き上がって、目を開けたが、何も見えなかった。人々は彼の手を引いてダマスコに連れて行った。サウロは三日間、目が見えず、食べも飲みもしなかった。

　ところで、ダマスコにアナニアという弟子がいた。幻の中で主が、「アナニア」と呼びかけると、アナニアは、「主よ、ここにおります」と言った。すると、主は言われた。「立って、『直線通り』と呼ばれる通りへ行き、ユダの家にいるサウロという名の、タルソス出身の者を訪ねよ。今、彼は祈っている。アナニアという人が入って来て自分の上に手を置き、元どおり目が見えるようにしてくれるのを、幻で見たのだ。」しかし、アナニアは答えた。「主よ、わたしは、その人がエルサレムで、あなたの聖なる者たちに対してどんな悪事を働いたか、大勢の人から聞きました。ここでも、御名を呼び求める人をすべて捕らえるため、祭司長たちから権限を受けています。」すると、主は言われた。「行け。あの者は、異邦人や王たち、またイスラエルの子らにわたしの名を伝えるために、わたしが選んだ器である。わたしの名のためにどんなに苦しまなくてはならないかを、わたしは彼に示そう。」そこで、アナニアは出かけて行ってユダの家に入り、サウロの上に手を置いて言った。「兄弟サウル、あなたがここへ来る途中に現れてくださった主イエスは、あなたが元どおり目が見えるようになり、また、聖霊で満たされるようにと、わたしをお遣わしになったのです。」すると、たちまち目からうろこのようなものが落ち、サウロは元どおり見えるようになった。そこで、身を起こして洗礼を受け、食事をして元気を取り戻した。》（新共同訳・使徒言行録九章一〜一九節）

また今私の心中に響くのは、ヨハネ福音書八章七節のとおり「あなたたちの中で罪を犯したことのない者が、まず、この女に石を投げなさい」との御言葉です。

さて今回私は、佐島顕子教授の研究論考により、巷間言われてきた「未来志向による和解」の主張がいかに誤っているかを教えられました。過去をしっかり見据えてこそ、現在も未来も相互信頼に満ちた共生がありうることを知らされたのであります。

「日本国民は、恒久の平和を念願し、人間相互の関係を支配する崇高な理想を深く自覚するのであつて、平和を愛する諸国民の公正と信義に信頼して、われらの安全と生存を保持しようと決意した。われらは、平和を維持し、専制と隷従、圧迫と偏狭を地上から永遠に除去しようと努めてゐる国際社会において、名誉ある地位を占めたいと思ふ。われらは、全世界の国民が、ひとしく恐怖と欠乏から免かれ、平和のうちに生存する権利を有することを確認する。

われらは、いづれの国家も、自国のことのみに専念して他国を無視してはならないのであつて、

政治道徳の法則は、普遍的なものであり、この法則に従ふことは、自国の主権を維持し、他国と対等関係に立たうとする各国の責務であると信ずる。

日本国民は、国家の名誉にかけ、全力をあげてこの崇高な理想と目的を達成することを誓ふ。」

（語尾は原文のママ）

言うまでもありませんが、これは現在の**日本国憲法・前文の一部**です。私は、福岡女学院大学および日本のキリスト者こそ率先してこの誓約を守る責務のあることを、この書の読者の皆さんに申し伝える次第です。

最後に、本書の出版にあたってはワンアジア財団より多額の助成金のご提供がございました。ここにワンアジア財団に深い感謝と敬服を申しあげて、結びの言葉といたします。

執筆者紹介

金丸裕一（かねまる・ゆういち）
早稲田大学第一文学部東洋史学専攻を経て、東京都立大学大学院人文科学研究科史学専攻博士課程単位取得退学。現在、立命館大学経済学部教授、明治学院大学キリスト教研究所協力研究員。編書として、『近代中国と企業・文化・国家』ゆまに書房、二〇〇九年。論文「賀川豊彦の中国」『キリスト教文化』通巻七号、二〇一六年。

李天網（り・てんこう）
中国復旦大学哲学院宗教学系教授、博士（歴史）。徐光啓賞受賞（香港、二〇〇二年）、マテオ・リッチ賞受賞（イタリア、二〇一八年）。著書として、『中国礼儀之争』（一九九八年）、『跨文化诠释』（二〇〇七年）、『金澤』（二〇一七年）

尹一（よん・いる）
九州大学大学院比較社会文化研究博士課程修了。博士（比較社会文化）。韓国釜慶大学日語日文

学部教授。論文として、「芥川龍之介『海のほとり』――過去回想を通じた転換――」『東北亜文化研究』第四八号、二〇一六年九月。「日本文学における海洋性研究――日本海洋文学談論における〝海洋性〟――」『東北亜文化研究』第五一号、二〇一七年六月。

王立誠（おう・りつせい）
中国復旦大学歴史系近代史教室教授、博士（国際関係）。著書として、『中国近代外交制度史』甘粛人民出版社、一九九一年。『美国文化滲透与近代中国教育――沪江大学的歴史』復旦大学出版社、二〇〇一年七月）など。

中生勝美（なかお・かつみ）
桜美林大学人文学系教授、専門：文化人類学、研究地域：東アジア（中国・台湾・香港・沖縄）、研究テーマ：日本の人類学史、中国の社会構造、農村社会、宗教儀礼、経済組織。著書として、中生勝美著『近代日本の人類学史――帝国と植民地の記憶』風響社、二〇一六年三月刊、A５判、六二〇頁。

佐島顕子（さじま・あきこ）
九州大学大学院文学研究科（史学）博士後期課程退学。現在、福岡女学院大学人文学部教授。専

攻は豊臣政権論。論考として、「老いた秀吉の誇大妄想が、朝鮮出兵を引き起こしたのか」『戦国史の俗説を覆す』渡邊大門編、柏書房、二〇一六年。「歴史文化の語りつぎ方法の開発と支援」『福岡女学院教育フォーラム』第二〇号、二〇一八年など。韓国小説・漫画翻訳者としては、キム・イリョン著『王は愛する』（新書館、二〇一九年）など。

金丸英子（かなまる・えいこ）

米国ベーラー大学大学院修了（Ph.D）。現在、西南学院大学神学部教授。専門は教会史、研究分野はバプテスト派の歴史と神学、訳書として、J・L・エイミー著『囚われの民、教会』（教文館）、ゴンサレス『これだけは知っておきたいキリスト教史』（教文館）など。

渡辺祐子（わたなべ・ゆうこ）

東京外国語大学大学院地域文化研究科博士後期課程修了。博士（学術）。明治学院大学教授。著書として、『日本の植民地支配と「熱河宣教」』（共著、いのちのことば社、二〇一一年）、論文として「キリスト教伝道と国家――不平等特権『寛容条項』の放棄をめぐって」（『境界を超えるキリスト教』教文館、二〇一三年）、『はじめての中国キリスト教史』（共著、かんよう出版、二〇一六年）など。

朱虹（しゅ・こう）

同志社大学大学院社会学研究科教育学専攻博士後期課程修了。博士（教育学）。上海大学文学院歴史系専任講師。論文として、「抵抗与妥協：戦争動員下的日本教会学校――以同志社大学為中心」（『世界宗教研究』第三期、二〇一八年六月）、「中国キリスト教史研究の現在――『中国語キリスト教文献目録の整理と研究』というプロジェクトを中心に」（『キリスト教社会問題研究』第六六号、二〇一七年一二月）、「戴季陶における国民精神論の形成と教育実践――『童子軍教育』を手掛かりに」（『アジア教育』第七号、二〇一三年一一月）など。

徐亦猛（じょ・いもん）

関西学院大学大学院神学研究科神学専攻博士後期課程修了。博士（神学）。福岡女学院大学国際キャリア学部准教授。論文として、「中国における農村の宗教に関する研究――キリスト教を中心に」（『日本の神学』、日本基督教学会、第五一号、二〇一二年九月）、「中国少数民族におけるキリスト教の受容に関する研究――中国内地会の宣教活動を中心に」（『宣教学ジャーナル』、第一一号、日本宣教学会、二〇一七年七月）など。

訳者紹介

朱海燕（しゅ・かいえん）

東京外国語大学大学院総合国際学研究科博士後期課程修了（学術博士）。現在、東京外国語大学・明治学院大学教養教育センター非常勤講師。専攻：中国近現代史、キリスト教史。主要論文に「中国の共産主義と反キリスト教運動——一九二二年の世界キリスト教学生同盟会議の開催への反対——」（『アジア研究』第六十三号、二〇一六年七月）、「中国国民党と反キリスト教運動——一九二五年の孫文のキリスト教的葬式に対する態度を手掛かりに——」（『明治学院大学キリスト教研究所紀要』第五十号、二〇一八年一月）などがある。

松谷曄介（まつたに・ようすけ）

一九八〇年、福島県生まれ。国際基督教大学、北京外国語大学を経て、東京神学大学（修士号）、北九州市立大学（博士号）。日本学術振興会・海外特別研究員として香港中文大学・崇基学院神学院で在外研究（二〇一四～一六年）、中国キリスト教研究。日本キリスト教団筑紫教会牧師、西南学院大学非常勤講師。著書として、共著『はじめての中国キリスト教史』（二〇一六）。訳書として、王艾明『王道』（二〇一二）。論文として、「賀川豊彦と中国：「宗教使節」問題をめぐって」（『キリスト教史学』、二〇一三）、「福音は日本と中国のはざ間の波濤を越えられるか？――日中キリスト教関係の回顧と展望」（『神学』東京神学大学、二〇一五）

東アジアにおける平和と和解　―キリスト教が貢献できること―

2019年5月25日　発行

編　者　福岡女学院キリスト教センター・徐亦猛

発行者　松山　献

発行所　合同会社 かんよう出版
〒550-0002 大阪市西区江戸堀2-1-1　江戸堀センタービル9階
電話 06-6556-7651　FAX 06-7632-3039
http://kanyoushuppan.com

装　幀　堀木一男

印刷・製本　有限会社 オフィス泰

ISBN 978-4-906902-53-8　C0016　Printed in Japan